オルター・グローバリゼーション

WHITHER GLOBALIZATION?
The vortex of knowledge and ideology

知識とイデオロギーの社会的構成

ジェームズ・ミッテルマン

奥田和彦
滝田賢治
訳

新曜社

WHITHER GLOBALIZATION?

The Vortex of Knowledge and Ideology

by James H. Mittelman

Authorised translation from English language edition published by
Routledge, a member of the Taylor & Francis Group.
Japanese translation published by arrangement with Taylor & Francis
Books Ltd through The English Agency (Japan) Ltd.

序文と謝辞

この挿絵〔原書のカバーイラスト〕は、国境線ではなく経線で記された地球に一羽のふくろうがとまり、グローバルなイコン的諸観念の渦によって取り囲まれている様を示している。これらの諸テーマは、ふくろうが知識と知恵を意味した古代ギリシャ・ローマ文明まで遡ることができる。それらの時代には、アテネとミネルヴァが女神だとわかるようにする表象として、ふくろうによく付き添われていた。ローマの征服と共に、神話やそれらの象徴的表象は世界の他の地域へ広まったのである。古代の知識とその諸イメージは、帝国の力と混合され帝国を確立し維持する手段として使われた。そのため、アテネはときおり全身鎧で現れ、そしてミネルヴァは、また戦争の神であった。

しかし、他の物語も存在する。ふくろうが支配的な秩序における知識を表現しているのとちょうど同じように、それはグローバル・パワーの周縁では、より暗い意味を担《にな》うイメージを形成した。たとえば、中国、日本、インド、エジプトやメキシコの神話や宗教では、ふくろうは、死、夜、冷たさなどを表している。そのようにまた、それら非西洋文明は彼ら独自の諸科学、理解の仕方や記号などを創り出した。世界の至る所に、たとえば、イスラムの三日月と星、アフリカ民族会議がかかげた槍や盾、キリスト教の十字架、共和主義の諸価値を具体化するマリアンヌや共産主義のハンマーと鎌のような身元確認の印などはすべて、象徴的にも実際の戦闘にも引き出されたのである。

古代ギリシャ・ローマ時代の最盛期を過ぎて二千年の間、権力保持者たちがより優れた技術と科学的進歩を有したことは驚くほどである。古来のロゴは、現代の諸観念や握りこぶし（ブラック・パワー）、一本の木（自然環境保護主義）、スウッシュ（「NIKE」ニケ、ギリシャ神話のなかの有翼の勝利の女神の名）や顔を隠したマスク（サパティスタ）を含む現代の思想とそれらの旗などと共存しているのである。この多面体のイメージは、グローバル・パワーの構造の中に刻まれた知の主張とイデオロギー的表象についての基本的な問題群を暗示している。

「知は力なり」というフランシス・ベーコンの格言に始まり、マックス・ウェーバー、アントニオ・グラムシ、ミシェル・フーコー、エドワード・サイードや後継の社会構成主義者たちの二十世紀の理論家たちは、知と権力の連結[1]についての理解を向上させた。彼ら個々人の作品や、ときおり異なる視点も含めて体系的に紹介するとなれば本書のテーマから離れてしまうが、彼らはそろって、パワー（権力）は、あるタイプの認知的支持と象徴的正当性の存在無しに行使されることは稀であることを示したのである。実に、主観性の生産は、それ自体のみ、あるいは単に学的に扱う事柄ではない。知識と政治的・物質的プロセスが表わされる諸方法は、ある哲人たちの理想主義が唱えるのとは異なり、権力関係から独立していないのである。批判的研究のこの基礎の上に、筆者は、二十一世紀においてグローバリゼーションのパワーを軸とする知識とイデオロギーについて検証したい。

本書において私は、もちろんそれ以前とは連続性と不連続性が存在するが、一九七〇年代以降に限定して、現代のグローバリゼーションを検証する。この期間においては異なるベクトルが存在する。ここで検証するその主な現象は、ネオリベラル・グローバリゼーションおよびオルター・グローバリゼーションであり、後の諸章で詳述する。

現代のグローバリゼーションは優勢なパラダイムとされる限りにおいては、知識の生産とイデオロギーの形成の強力なプロセスを構成している。学問のグローバル化が進展している限りは、知的イノベーションは合衆国の社会科学を世界に普及させ、支配的パラダイムとローカル知のバランスを変えるのである。グローバル・パワーの構造が制度化しているのと同じように、一つの知識システムおよび支配的イデオロギーの諸表象は、いくつかのオルターナティヴが登場する可能性を抑制したり開放したりもするのである。

そう述べたところで、筆者のポイントは、グローバリゼーションのパワーは知識を生産しイデオロギーを生み出す方法を変容させる、ということである。筆者がここで強く主張するのは、グローバリゼーションが、制度的権威によって宣伝され、そしてネオリベラル・イデオロギーのうちに明らかにされた、知識システムに具体化した一つの知的パワーの形態を構成している、ということである。しかしながら、学問と日常世界での知的抵抗は、弁証法的方法で、**オルター・グローバリゼ**

ーション――対抗権力、競合する知識のセットおよびイデオロギー論争の全体的効果――を生み出している。

筆者の主要な問題意識は、次のようなものである。グローバリゼーションが知識システムとイデオロギーを動かす方法をいかにして概念化するのか？　どのような進化する知識システムとイデオロギーの形態が、グローバル・パワーを再構成するために使われているのか？　歴史的傾向と具体的な実践に基づいて、どのような性質のオルター・グローバリゼーションを提案することが可能だろうか？

それらの問題に答えるために筆者は、一連の隠れたあるいは否認された諸関係を覆うカーテンを開けるつもりである。本書は、第一義的には、強力なグローバル化の諸力がグローバル化を推進する主体たちの主観性を形成する方法のみならず、その構造を対照することにも関心を向けている。ここでの目的は、グローバリゼーションの主観的側面の批判的分析と未来志向のアプローチの双方を提供することにある。

この論題への筆者の関心は、三十余年前、私がウガンダのマケレレ（Makerere）大学の学生で、のち講師を務めた頃まで遡る。この経験が私の眼を世界に向けさせた。この習性は今でも変わらない。私はその大学で学位論文作成のために研究を重ね、それが最初の著作、『ウガンダにおけるイデオロギーと政治――オボテからアミンへ』（Ideology and Politics in Uganda: From Obote to Amin）となった。筆者はいま、このテーマをより広範に、そして、できればより深く掘り下げようとしている。

この試みは、バリー・ギルス（Barry Gills）の編集による叢書“*Globalizations*”の第一巻の執筆を、親切にも彼に依頼されたことに端を発している。ルートリッジ出版社（Routledge）の編集者である、クレイグ・ファウリー（Craig Fowlie）とまた一緒に仕事ができた恩恵にも浴した。

ワシントンDCのアメリカン大学と京都の立命館大学の学生諸君にも大変お世話になった。彼らは、私の研究を駆り立て、問題の最初の公式化に対して批判してくれたし、この研究にも一役買ってくれた。私のリサーチ・アシスタントたちに格別のお礼を述べたい。幾人かの本書への寄与については、末尾の脚注に記している。プリア・ディキシット（Priya Dixit）は大きな助けになってくれたし、本書に対して非常に優れた提案をして重要な寄与をしている。また、第6章の共著者、グレン・アドラー（Glenn Adler）は約束以上の仕事をしてくれた。本書の準備にあたり、以下の諸氏（Robert Denemark, Bjorn Hettner, Patrick Jackson, Stephen Rosow, Paul Wapner）に貴重な助言をいただいた。リチャード・フォーク（Richard Falk）とジェームス・ローズノウ（James Rosenau）の激励は大変貴重であった。ロバート・W・コックス（Robert W. Cox）とジェシー・コックス（Jessie Cox）との一九七二年来の長年の会話と友情は、私の仕事を元気づけ、多くの楽しい時間を享受させてくれた。最も重要なことに、私の最大の知的パートナーであり建設的批評家であるリンダ・ヤー（Linda Yarr）には格別の恩を受けている。

本書のいくつかの章は、二〇〇二年から二〇〇四年の間に書いた小論文から引き出してある。それらの論文を書いている時、それぞれのテーマは密接に繋がっていることが次第に明らかになった。それらを一緒にすると全体的な一貫性はないものの、初期段階にあるオルター・グローバリゼーションの出現を暗示している。

既発表論文を修正した形に組み入れる許可をくれた、以下の著作権保持者に感謝したい。

初出一覧

Blackwell Publishing: 'Mapping Globalization', *Singapore Journal of Tropical Geography* 22, no.3 (November 2001): 212—18. 'Globalization: An Ascendant Paradigm?' *International Studies Perspectives* 3, No.1 (February 2002): 'What Is Critical Globalization Studies?' *International Studies Perspectives* 5, No.3 (August 2004): 219—30.

Institute of Geography and Regional Science, University of Graz, Austria: 'The Power of Globalization', in Friedrich M. Zimmermann and Susanne Janschitz, eds., *Regional Policies in Europe−The Knowledge Age: Managing Global, Regional and Local Interdependencies* (2002), pp.9−16.

Routledge (Taylor and Francis Books): 'Globalization Debates: Bringing in Micro-encounters', *Globalizations* 1, No.1 (September 2004), in press.

http:/www.tandf.co.jk/journals/titles/14747731.asp

Rowman and Littlefield: 'Ideologies and the Globalization Agenda,' in Manfred B. Steger, ed., *Rethinking Globalization* (2003), pp.15–26.

Sage Publications: 'Reconstituting "Common-Sense" Knowledge: Representations of Globalization Protests,' *International Relations* 18, No.2 (June 2004): 189—211.

本書の出版に際しては、上記の人びとや出版社ではなく筆者のみが責任を負う。

日本語版への序文

何世紀もの間、アジアは世界の知性の最前線であった。アジアが知性の最前線ではなかった時代には、中東の三日月地帯を中心としたイスラムや、ヨーロッパ文明もまた新しい思想の源泉として貢献した。その後アメリカが学問の中心として最高の地位を占めた。現在、世界のどの地域が（新しい）知識を生み出す最前線にいるのかを巡って議論が起きている。

しかしプロセスそのものが変化してきており、競争は激化している。誰が発見と技術革新の先頭に立つのかを巡る競争は、世界秩序の中で影響力を獲得することとますます結びつきつつある。グローバリゼーションはこの世界秩序の中の駆動力であるが、その領域は拡大してきている。トマス・エジソンやアレキサンダー・グラハム・ベルのような個人の発明家が個人の努力で大発明をすることが出来る時代が過去のものとなったこともまた事実である。今日、研究は「規模の経済」が不可欠で、研究開発や技術の普及のための制度的支援が行なわれている。知識生産のための国家内のセンターも脱国家的センターも共存しているのである。地政学的レヴェルでは、組織化のためのの原則を生み出すことは、新たな思想が生み出されて多くの人に支持されるようにその思想を広めていくためのインフラに依拠しているばかりか、研究施設——大学、シンクタンク、知識共同体ネットワークやそれらを支える資源——という基盤に依拠しているのである。

こうしたことを考えていた時、研究仲間と議論したり会議に出席するために日本——ほとんどの場合、短期間だったが——を訪れた。筆者はまた二〇〇〇年に、京都にある立命館大学の客員教授を務めた。そこでの経験によって、本書の第7章のヒントを得て、本書の結論に達することが出来たのである。立命館の熱心な学生調査員のグループは、筆者を助けてくれ、多くの洞察力を与えてくれ、オリジナルなデータを提供してくれた。筆者が彼らの視点から世界を見ることが出来たのは、彼らのお陰であり、深い感謝の念を抱いている。

筆者は、アメリカが覇権を握っていた時期に「グローバリゼーションはどこへ向かうのか」ということについてずっと考えていたので、こうした視点は筆者の研究に刺激を与えた。「知識とイデオロギーの渦」という原著のサブタイトルは、原著が出版された二〇〇〇年当時よりも適切なものとなっている。日本語版への序文なので、なぜグローバリゼーションについての分析を最新のものにする必要があるのかについて説明するつもりである。

第一に、一九七〇年代初めから一九九〇年代にかけて客観的条件の変化によって新しい間主観的な思考枠組みが必要とされるようになったという事実に留意することが重要である。一国単位のケインズ主義が機能しなくなり、固定相場制を基礎とするブレトン・ウッズ体制が終焉し、ソ連が崩壊して冷戦終結後の秩序に移行し始めたため、資本主義と共産主義に分かれた二極構造に取って代わるべき新たなイデオロギーを模索する動きが加速してきた。こうした新たな秩序に向けての再編過程で、古い原則は今現在展開しつつあるグローバルな再編過程に適応しないことは明らかであった。

新しいパラダイムを模索する競争の中で、シカゴ大学の経済学者フリードリッヒ・フォン・ハイエクと、ミルトン・フリードマンを含む彼の同僚たちは、アダム・スミスの自由市場という理想を革新したものとしてネオリベラリズムを導入した。ロナルド・レーガン、マーガレット・サッチャーによって有名になったネオリベラルな戦略は、規制緩和、自由化、民営化という形をとった。国際経済組織とりわけＩＭＦと世界銀行は、構造調整プログラムという形をとった教義を広め、命令すらしたのである。二国間援助の関係諸機関や大学のカリキュラムもネオリベラルな諸価値を普遍化するのに貢献した。国連やその他の国際組織に採用されたネオリベラルな諸価値は、グローバリゼーションのための政策枠組みとなり、ワシントン・コンセンサスの基礎となったのである。

その間に、政策形成に影響を与える別の知識人集団である新保守主義者もグローバリゼーションについての言説を作り上げる上で中心的な役割を果たした。新保守主義の温床となったのは学生集団であり、その多くはマルクス主義者で、そのほとんどがトロツキストであったが、彼らは一九三〇年代、一九四〇年代にニューヨーク市立大学で学び、その後、保守に転向した。このグループには、アーヴィン・クリストル、ダニエル・ベル、セイモア・マーチン・リップセット、ネイサン・

グレイザー、ダニエル・パトリック・モイニハンが含まれる。新保守主義者のもう一つの源流は、シカゴ大学で政治哲学を教えたレオ・シュトラウスの講義であり、彼は西洋の古典にまで遡ることの出来る「永遠の真理」の存在を信じていた。彼の著作は主として十九世紀以前の古典的名著について考察したものである。シュトラウスは政策提言をするような学者ではなかった。しかしシュトラウスはヨーロッパに住んでいた幼少の頃から、ロシアにおけるユダヤ人大虐殺や、ナチスによるホロコーストの危険性について確信しており、彼の生きた時代における西欧社会の不確実性について考察したのである。シュトラウスの観察によると、古典的政治哲学によって築かれた基礎とは異なり、近現代のプロジェクト——彼自身は主張したわけではないが——はもはや瞑想的で誇り高いものではなく、人間の力を示すため、自然を克服するためのものとして理解することが出来たのである。つまり世界を西欧民主主義にとって安全なものにするために、全世界を、「諸国家からなる社会ばかりか個々の国家そのものを民主化しなければならない」のである（Strauss 1964:3-4）。

影響の大きかった『アメリカン・マインドの終焉』（一九八七年）の著者であるアラン・ブルームや、数学者で軍事戦略家であったアルバート・ウォールステッターのような弟子とシュトラウス自身が、自分たちの継承者たちの思想と価値観を形成したことになる。『ウィークリー・スタンダード』の創刊者であるウィリアム・クリストル、G・W・ブッシュ政権で国防副長官を務め、引き続き世界銀行総裁となったポール・ウォルフォウィッツ、防衛政策諮問委員会委員長で本土防衛に深い関係のあるヴェンチャー企業であるトリレーヌ・パートナーズの共同経営者であったリチャード・パールが含まれる。ブルームは、元国務省職員で、現在はワシントンDCにあるジョンズ・ホプキンス大学の教授であるフランシス・フクヤマに教え、ハーバード大学のシュトラウス学者ハーヴェイ・マンスフィールドは何人かの政府高官を学生・院生時代に指導した（Atlas 2003; Schlessinger 2006; Smith 2006）。

知識と権力を結びつけることによって、これらの政策志向の強い知識人たちは、ロナルド・レーガンの信念に注目して、一九九〇年代のタカ派政策を設計したのである。一九九二年にウォルフォウィッツが起草した「国防政策計画指針」や一九九七年にウォルフォウィッツ、ディック・チェイニー、ドナルド・ラムズフェルドが共同署名した「アメリカ新世紀計画（ＰＮＡＣ）」のような文書は、アメリカの国力を軍事的に利用すべきであるという主張を提起したものである。ネオリベラリズムの多くの側面を共有しながら、新保守主義者は、自由市場と自由貿易の原則を擁護する。新保守主義者は、制約を受けない企業活動という理想を堅持しつつも、この「新《ネオ》」の部分は、愛国心、アメリカ例外主義、雄々しさというイメージの付きまとう権威と結びついている。

新保守主義者とネオリベラルはグローバルな目的を共有している。しかしながら新保守主義者は、ネオリベラルに比べると国家による経済への介入、国家による安全保障の提供、経済力・軍事力の断固とした利用に肯定的である（Steger 2005:16）。ネオリベラルがソフト・パワーには期待しながらもハード・パワーにも反対でないのに対し、新保守主義者は、自由と民主主義という価値観を重視するふりをしながら、いとも簡単に野蛮な軍事力の行使に訴えるのである。

新保守主義者の視点からすると、アメリカにある敵の出城は、敵の寄せ集めである。その一つは、オサマ・ビン・ラディンによって指導され鼓舞されたトランスナショナルなテロリストのネットワークである。これにはアメリカ本土に埋め込まれたテロリストのネットワークの細胞が含まれるが、それは根絶やしにする必要がある。政治的暴力という宗教的匂いのする彼らのイディオムは、彼らのエスニック文化とはほとんど断絶した、グローバル化したイスラムというものの表現のように見える。グローバル化しつつあるウンマ――ムスリム共同体ないしは国家――は、ラディカルなアイデンティティ・ポリティックスと結びついた新たなカリフ政治としてしばしば表現される。この網の目状のネットワークの一部は、過激集団を匿い、支援するタリバン政権下のアフガニスタンのような「ならず者国家」あるいは「脆弱国家」とみなされている。他にも非民主的体制は存在し、実際にあるいは潜在的に核開発能力を持っている北朝鮮やイランのような国家もそれに含まれる。

　新保守主義者たちはその主張が明瞭でないとはいえ、将来の世界秩序は自由を確実にするものであるべきだという点では一致している。彼らはまた、民主主義というものはもし必要ならば、同盟国の協力が無くても輸出することが出来ると信じており、その輸出のためには強硬な外交政策を採用するべきであると主張する。原則的には、安全を確保する他の手段が使えない場合には、近代国家、少なくとも覇権国が単独主義的政策を採用しようという衝動は優先されてしかるべきであると新保守主義者は考える。実際、軍事力の正当な行使権をコントロールすべきとするその主張に対して異議がよせられて強い不満を抱いた時、ワシントンはグローバルな規模での「テロとの戦争」を戦うことによってアメリカの国力を改めて誇示しようとしてきた。アメリカでは、アンソニー・ギデンズの適切な言葉を使えば（Giddens and Pierson 1998:152）「ネオリベラル保守主義」という用語は、敵を捕捉すること、単独主義でいくか便宜的に多国間条約に参加すること、市場を開放させること、そして伝統的な文化的価値を維持することを意味するようになった。イデオロギー的にいえばハイブリッドなネオリベラル保守主義は、ダイナミックで急速に変化する条件に対応でき、新しい要素を受け入れるのである。政策的後退ばかりか、このように混ざり合った政策枠組みによって、フランシス・フクヤマがこの動きを批評したように、新保守主義者の一部には、アメリカの覇権と結びつくようになった事情も含めてある種の高揚がもたらされたのである（Fukuyama 2006）。

市場の力も重視する「安全保障国家（security state）」に向かう明らかな動きが見られる。「国家は後退しつつある」（Strange 1996）と主張する分析者の見解に明らかに反するように、経済グローバリゼーションの主要な受益者であるアメリカは、敵を支援していると言われるいかなる勢力をも軍事的に先制攻撃する決意を示してきた。しかしこうした動きをとる際、アメリカは国連や「有志連合」を通じて正統性と多国間援助を得る必要性も認識したのである。確かに保守主義者——新保守主義者、ブレント・スコウクロフトのようなリアリストやパット・ブキャナンのようなナショナリストを含む——は、軍事力と市場の力を結合する必要性を認め、政府にグローバル経済が必要とする安全を提供するよう要求しているのである。

しかしこうした大胆なイデオロギー的動きは、不安の兆候に満ち満ちている。グローバリゼーションの「震源地」に立っているにも拘らず、アメリカの政府高官たちは新しい知識を生産する熾烈な競争の行く末を心配している。アメリカはグローバルな研究・開発（R&D）のランキングでは明らかにリーダーであり、全世界の開発費総額の三四％を占めているけれども、世界経済に占める割合からみた研究開発費でも、研究開発費に占める基礎研究でも、経済力に占める非軍事部門の研究でも、アメリカは他の先進国に遅れをとっている（Bernasek 2006）。研究の生産性ばかりか科学技術の革新が衰退してきているという報告書はワシントンＤＣで警告と受け取られ、アメリカ政府高官はアメリカの工業用特許占有率が五二％にまで落ち、物理学分野でアメリカ人研究者が発表する論文数が二〇年で六一％から二九％に急落し、科学分野での指導的地位を象徴するノーベル賞をアメリカ人が受賞した割合が五一％に低下したことを懸念している（Broad 2004; Mandel 2004）。（ノーベル財団のオンラインに基づいた）筆者の計算によると、アメリカ人のノーベル賞受賞者は二〇〇五年には全受賞者の四六％、二〇〇六年には六七％を占めている。研究開発に対するアメリカ連邦政府支出が常に高いにも拘らず、経済的にも軍事的にも価値をもつ科学的発見の下降傾向に関して、なぜアメリカ人は不安を抱いているのであろうか。下降傾向であるとする認識は、外国との競争が激化していること、アメリカに留学してきた科学者や博士課程の大学院生が母国へ帰るという逆頭脳流出が起こっていること、グローバルな「テロとの戦争」を戦うためにビザ発給が厳しく制限されていること、などの理由で説明される（Segal 2004）。

ワシントンＤＣにある競争力評議会やアメリカ科学振興協会のようなグループによって行われて

いる警告を下支えしている前提は、アメリカは科学分野でナンバーワンでなければならないというものである。痛ましく思える点は、外国の競争相手がアメリカの国力の土台が弱まるようにしつつあるという認識である。この説明は、科学分野でナンバーワンであることの重要性に関して、アメリカにとっての競争相手を他の国と対抗させようという――証明は出来ないが――前提があるのである。ここではA国の利得はB国の損失であるということが当然のこととされている。多くの政治指導者が技術者であるという背景がある中国によるイニシアティヴに象徴されるように、技術的競争力の優越性を安全保障上のカードとして確保し、ある種の技術保護主義を採用しようというアジア諸国の政策意図を感じ取る傾向がアメリカの政治家には強まってきている。

しかしグローバル経済をめぐる凄まじい競争の中で、自国と外国という区別が適切でなくなってきている時代に、なぜ新しい知識を革新するための主要な引照基準が国境という観点から定義され続けなければならないのか。地球温暖化とか世界的感染症のような登場しつつある多くの挑戦・脅威というものは、領域的な国境には対応しておらず、これらの問題――地球的問題群――をいかにして解決していくかは脱領域的レヴェルでの課題である。アメリカやその他いくつかの国家では、研究開発への政府による投資に比して企業によるその支出割合が上昇している事実は、企業による海外事業への投資が大規模に拡大していることを意味している。技術革新の中心は、単一の国家の実験室から企業・政府機関・大学などからなるトランスナショナルなネットワークに移行しつつあり、世界各地で新しいアイディアで対応したり、そのための市場調査をするためのハブ（中心）が登場してきた。知的財産権に関してすら、多くの技術的努力が結びついて実現可能な科学分野の最先端を再組織化するならば、世界全体がグローバルな規模で生み出される創造性溢れる技術から利益を得るチャンスを与えられるのである。

現存している過去のデータが、この問題の一部をなしているのである。このデータによって我々の思考は国民国家を基礎にすることに慣れてしまっているのである。しかし国民国家単位のデータや単一国家の投資ファンドは、現代グローバリゼーションが発生する以前の名残なのである。市場やその他の種類の人間活動が展開しているのと同様、こうした古い思考法はリージョナルにもグローバルにも捨て去られてはいない。国家単位の分類法の先には、グローバリゼーションそのものの論理によって生まれたデータが新たに登場してきている。新しいデータは、異なったカテゴリー――グローバル・セクターごとの、企業・産業・地域別の、あるいはこれらの様々な組み合わせによる――の統計を分けて考える機会を与えるポスト・モダン的な感性を反映しているのである。新しいデータを生み出す中心には、ダウジョーンズ・ウィルシャー（全世界指標と併せて）、モルガン・スタンレー・インターナショナル、ライムズ・オンラインそれにユーロゾーン指標がある（Authers 2006）。

さらに国家の対外競争力を意識しているのは何もアメリカの組織ばかりでなく、世界各国が同じようなことをしているのである。毎年、世界経済フォーラムは『世界競争力報告』を発表しているが、その中では一〇〇カ国（地域）以上の経済力をランク付けし、その結果は、恐らくは、政府諸機関のオフィスや企業の役員室でかなりの満足感や不安を引き起しているであろう。知的生活も同様にイデオロギーの持つ効果に影響を受けやすい。このことは、生産性指標に基づく大学のランク付けや大学評価作業で明らかであり、ますます多くの組織が民営化として知られるある種のリストラを断行する場合に特に直接的な影響をもたらすのである。

知識生産のランク付けを巡って生じる不安・心配は、アメリカの覇権国としての力の衰退と結びついている。イラク戦争の泥沼化に見られるように、アメリカがハード・パワーを行使する能力を政治的効果が上がるように利用できない場合には、新保守主義者の固執するイデオロギーを実際の外交政策の基礎とすべきかどうかを巡り議論が生まれる。戦争を正当化するためには極めて重要なことであるのに、イラク戦争開始を主張した新保守主義の哲学的根拠は国民の支持を失いつつある。ワシントン・コンセンサスと通底するネオリベラリズムも、新保守主義も、アメリカ国民が忍耐できなくなった勝ち目のない戦争という隠れた障害に突き当たって、今や信用を失っているのである。

その結果、それまでアメリカ外交の指針となっていた原則は消滅してしまったのである。悲観的ムードは、一般世論の政府に対する失望を反映している。人気のあるエンターテーナーは別として、若者を激励するヒーローを探すのは困難である。今やアメリカには幻滅が広がっている。だが間主観的に事態が展開していく空間が開けてくるのではないかという楽観的見解もある。今や、なんとか生き残っているネオリベラル保守主義者によって主張されているイデオロギーの領域において政治を再定義するような新鮮な思想が登場するチャンスが現れているのである。

二〇〇七年三月　ワシントンDC

ジェームズ・H・ミッテルマン

文献一覧（日本語版への序文）

Atlas, James.（2003）‘A Classical Legacy” New Empire Builders,’ *New York Times*, 4 May.

Authers, John.（2006）‘After the Nation State, Say Goodbye to National Indices,’ *Financial Times* (London), 28-29 October.

Bernasek, Anna.（2006）‘The State of Research Isn’t All That Grand,’ *New York Times*, 3 September.

Bloom, Allan.（1987）*The Closing of the American Mind*. New York: Simon and Schuster.（菅野盾樹訳『アメリカン・マインドの終焉——文化と教育の危機』みすず書房、一九八八年）

Broad, William J.（2004）‘U.S. Is Losing Its Dominance in the Sciences,’ *New York Times*, 3 May.

Fukuyama, Francis.（2006）*America at the Crossroads: Democracy, Power, and the Neoconservative Legacy*. New Haven: Yale University Press

Giddens, Anthony, and Christopher Pierson.（1998）*Conversations with Anthony Giddens: Making Sense of Modernity*. Stanford: Stanford University Press.（松尾精文訳『ギデンズとの対話——いまの時代を読み解く』而立書房、二〇〇一年）

Mandel, Michael J.（2004）‘How to Sharpen the Innovation Edge,’ *Business Week* 3903（11 October）:

225.

Nobel Foundation. online. http://nobelprize.org (accessed 30 January 2007).

Schlesinger, Arthur, Jr. (2004) 'The Making of a Mess', *New York Review of Books* 51, No. 14 (23 September) : 40-3.

Segal, Adam. (2004) 'Is America Losing Its Edge? Innovation in a Globalized World', *Foreign Affairs* 83, No. 6 (November/December) : 2-8.

Smith, Steven B. (2006) *Reading Leo Strauss: Politics, Philosophy, Judaism*. Chicago: University of Chicago Press.

Steger, Manfred B. (2005) *Globalism: Market Ideology Meets Terrorism*. 2nd ed. Landham, MD: Rowman and Littlefield.

Strange, Susan. (1996) *The Retreat of the State*, Cambridge university press.（櫻井公人訳『国家の退場——グローバル経済の新しい主役たち』岩波書店、一九九八年）

Strauss, Leo. (1964) *The City and Man*. Chicago: Rand McNally and Company.

目次

装幀――難波園子

I　パワー

第1章　グローバリゼーションのパワー

本書の主たる関心は、グローバリゼーションについての主観的な枠組み、すなわち知識とイデオロギーである。[1] このテーマを追求するためには、グローバル化を進めるパワーの持つダイナミクスを分析しなければならない。グローバリゼーションの持つ力が支配的知識の発展を方向づけることは確かである。そしてグローバリゼーションについての知識は、今度はイデオロギーとして表現されることになる。すなわち、世界を解釈し行動戦略を考える方法としてのイデオロギーとして表現されることになるのである。アントニオ・グラムシ（1971）が観察したように、強力な知識の組み合わせとイデオロギーに関する魅力的な言説は、（他者の）合意を引き出すのに基本的なものであり、ヘゲモニー的秩序を支える物質的・強制的手段に対する依存度を下げるために基本的なものである。知識とイデオロギーは物質的に権力を支える条件を自動的に反映するものと解釈されるべきものでもないし、それから全く自律的なものとして解釈されるべきものでもない。むしろ知識・イデオロギーと、権力を物質的に支える条件との間には一連の相互作用があり、相互に影響を与え合うものであると考えると最もよく理解できるのである。

批判的知識と対抗イデオロギーこそが、グローバリゼーションについて広く流布している神話を暴き出し、神話を支えている構造に挑戦できるのである。その上、グローバリゼーションと知識・イデオロギーの間の関係は一様でなく、絶えず疑義を差し挟まれるものである。グローバリゼーションは社会的権力関係に刻み込まれているので、知識とイデオロギーは闘争の渦に巻き込まれる。

本章では、筆者がこれから構築しようとするキーコンセプトについて議論を開始する。さらに主要な論点のいくつかをより詳しく説明し、グローバル化を進めるパワーが持つ認識論的およびイデオロギー的側面がいかに作用するかを提示するための基礎を提供する。

グローバリゼーションについての初期の著作のほとんどのものは、グローバリゼーションが市場原理に突き動かされた現象であることを一方的に強調しているが、本章ではパワーとグローバリゼーションという概念に真正面から取り組むことにする。同時に本章ではグローバリゼーションを体系的に批判するとともに問題提起を行なうことにする。グローバリゼーションを複雑な諸プロセスと見るならば、還元主義的な神話を暴くことが可能であることをここで主張するつもりである。グローバリゼーションについての誤解を解いた後で、筆者はグローバリゼーションの持つパワーの影響が現われる主要な問題群を検討し、現代グローバリゼーションとオルター・グローバリゼーションとの対比を行なうことにする。

パワーとグローバリゼーションの概念は異なった観察点から見ることができるかも知れないし、それぞれの観察点はこれらの多面的な現象を捉えるレンズを提供してくれるものである。(2)

パワーは「XはYにその行動を変更させる」というように、動的で明白な意味を持つものとして理解されることがしばしばである。あるアクターは他のアクターに対してパワーを持つことになる。パワーは人々の利害関係に影響を与え、かつ抵抗に連結しているものであるという概念は、「権力」とは、或る社会的関係の内部で抵抗を排してまで自己の意思を貫徹するすべての可能性を意味し、この可能性が何に基づくかは問うところではない」(1978:53; 清水幾多郎訳、八六頁)というマックス・ウェーバーのパワーの定義の中で明らかとなるのである。また隠れたパワーというものも存在する。XがYにパワーを行使するとはいえ、隠れたプロセスというのは議題設定を伴うのでより巧妙なものなのである。このような意味に加えて、構造的パワーは特に物質的・規範的権能を引き出し、相手が従いたくなるインセンティヴを伴うのである。その結果、ニコロ・マキアヴェリは、世界を究極の裏切りが行なわれる場として描いたので、君主が具備すべき資質を半獣半人にたとえたのである。つまり人間も野獣も、物質的能力と規範的能力をいかに用いるかということを理解する能力を必要とすることになる。

あなた方は、したがって、闘うには二種類があることを、知らねばならない。一つは法に拠り、いま一つは力に拠るものである。第一は人間に固有のものであり、第二は野獣のものである。だが、第一のものでは非常にしばしば足りないがために、第二のものにも訴えねばならない。そこで君主たる者は、野獣と人間とを巧みに使い分けることが、必要になる。（Machiavelli 1985 : 69; 河島英昭訳、一三八頁）

これは権威ある地位とは何であるのか、そして君主——集合的代理権——がその地位を保持することを決定することがらである。

しかし別の意味で、抑圧的で規律的なパワーというものが存在する。フランスの哲学者であるミシェル・フーコーは、支配的パワーは医療、教育、軍隊、刑務所のような社会制度を通して行使されるのであると主張した。パワーとは、極めて限定された分野の知識、それは世界を認識する表象の複合体によって構成されるものである。言い換えれば、主観性を確立することによって、世界は客観的存在となり、この世界における諸関係が解読されるのである。言い換えれば主観性は、ルールを含むサインや慣行が形成され、それらの多くは明示的に語られることはないものの、人々の行動を制約するものなのである。フーコーにとって、パワーと知識はこのように組み合わされている。彼はまた、言説的パワーは抵抗を受けないと存在しえないものであると主張した。パワーと抵抗は、社会関係を構築するための対立しあう戦略のせめぎあいのなかで相互の構成要素となっているのである。筆者は第2章と第7章で、彼のこの洞察について検討を行なうつもりである。

パワーと同様に、グローバリゼーションもさまざまな意味を含んでいる。グローバリゼーションを概念化するには三つの可能性がある。単純に定義すると、グローバリゼーションは世界的規模での相互連結性の増大あるいは相互依存関係の深化として理解されることがしばしばである。さらに検討してみると、グローバリゼーションを時間と空間の圧縮と定義する学者もいる。最新の技術により加速されて、世界のある地域の出来事が遠く隔たった場所での出来事に直ちに影響をあたえるのである。こうした定義はそれなりに有効であろう。しかしながら、これらの定義は、社会的階層性や権力関係には言及していないのである。おそらく効果的な研究方法は、グローバリゼーションを一つの歴史的変容過程として捉えることであろう。グローバリゼーションは、生活様式と生産様式が変化するという意味では経済レヴェルの変容であり、政治権力の場が領域国家の上方と下方に徐々に移動していきマルチ・レヴェルから成る国際システムを形成していくという意味で政治的変容であり、それまでの生活様式が侵食されて新たにハイブリッドな様式が出現してくるという意味で文化的変容である。グローバリゼーションは協調と抵抗を交互に発生させるものである。結局、この権力構造は異なる地域や国家のさまざまな社会階層に不均等なインパクトを与えるのである。

命題

やはりグローバリゼーションは単一の統合された現象ではない。筆者は別の著書（Mittelman 2000）で、グローバリゼーションとはいろいろな事象のプロセスといろいろな人間活動の相互に関連した一定の形態、シ、ン、ド、ロ、ー、ムのことであると主張した。すなわち、グローバリゼーションは相互に連結する事象が有する特徴の一定のパターンだということであり、医学の専門家が病気の症状を表わすために使うシンドロームとは異なるものである。グローバリゼーションは決して異常な状態ではないのである。そうではなくて、グローバリゼーションは個人主義、効率性、競争、経済活動に対する国家の最小限の干渉という長所を称揚するネオリベラリズムと結びついた支配的なイデオロギーとして一般的には使われてきた。ネオリベラルなイデオロギーは政策枠組みを形成するものであり、規制緩和や自由化、民営化という政策枠組みのための手段が市場統合の強化に集中的に動員されるのである（Gray 1998）。

筆者の前著である『グローバル化シンドローム』（Mittelman 2000）は、政治的・経済的・文化的レヴェルの間の一連の関係の範囲を明らかにしたものである。これらのレヴェルの間には相互作用があるが、決して一方が他方に影響を与えることはない。筆者の分析枠組みを繰り返し述べるならば、筆者はグローバリゼーションが三角構造になっていると信じている。（グローバリゼーションを作動させる要因の方ではなく）グローバリゼーションの三つのプロセスの方が際立っているのである。すなわち、労働と権力のグローバルな分割、新しいリージョナリズム、グローバリゼーションに対する抵抗政治の三つの展開プロセスである。

生産の特化を強調したアダム・スミス的労働分業概念を基礎として、デヴィッド・リカードが貿易に拡大し、さらにカール・マルクス、マックス・ウェーバー、エミール・デュルケームが他の分野にまで拡大した経済活動の構成概念に基づいて考察するならば、経済以外の他の分野を無視して経済的グローバリゼーションだけを重視する事のないように注意しながら現代グローバリゼーションを探求するためにこの問題発見的方法を利用することは有用であろう。これらの古典的理論家を敷衍して言えば、労働と権力のグローバルな分割をグローバルな政治経済構造として把握することは有益である。グローバリゼーションの進展に伴って労働・権力分割は、先進国と途上国にほぼ二分されている状態からグローバルな規模での生産の再編過程に移行してきたのであり、この再編過程では先進国が技術集約的経済実現に向け付加価値を増大させてきたのに対し、先進国以外の地域は生産の大部分を引き受けるようになってきたのである。現代における労働と権力のグローバルな分割の特徴は、地域間と地域内双方における資本、技術、労働の大規模なフローである。こうしたフローは、巨大で非人格的なまるで機械のようなプロセスを作動させる脱国家的文化構造の出現――たとえば東アジア、東南アジアからヨーロッパ、南北アメリカへと伸びる中国人の労働分業の現実が挙げられる――によって促進させられるのである。

今日現われつつある労働と権力のグローバルな分割という現象は、EUの出現にみられるように新しいリージョナリズムによって変容を余儀なくされている。この新しいリージョナリズムは公式的制度と、経済と文化に根ざす連帯感のような非公式なプロセスから成り立っている。川や山によって画された自然の境界や民族的分布に配慮せずに、植民地権力によって国境線が押し付けられたアフリカにおける越境的なプロセスに、この非公式なプロセスは似ているのである。労働と権力のグローバルな分割は、市民社会のようなボトムアップ型の諸制度により、それぞれの場所でそれぞれ独自の様式をとるのである。もしそうであるならば、そして遠く隔たった場所における社会関係をネットワークに組み込んでいくにもかかわらず、場というのは、その重要性が変化していくとはいえ依然として意味を持つのである。

グローバルな規模での労働分業を成立させる権力の構成要素は、世界のなかで場所ごとに異なっており、それぞれは相互に対照的である。なぜならグローバルな規模での労働分業を成立させる権力の構成要素は、この分業に抵抗する政治活動を引き起こすことになるからである。大規模な市場統合を促進するネオリベラルなグローバリゼーションに対する抵抗には二種類ある。「シアトルの闘い」と、これに続いて発生したワシントンDC、プラハ、メルボルン、ケベック、ジェノヴァその他の諸都市で開催された政治・経済権力の主要な保持者たちの会議に対して展開された大規模なデモによって示されたように、この抵抗はオープンで公的なものとして表現されるものかもしれない。あるいはこの抵抗は、庶民の日常生活においてささやかに表明されるものかもしれない。たとえばそれは漫画や小説とか演劇を含む一般の書き物の中に表わされるユーモアばかりか、ある種の輸入品に対して反感を示したり、ある種の輸入品を買うことにためらいを感じたりするといったような、消費者の選択行動のなかにはっきりと表われるのである。これら二つのタイプの抵抗によって、ネオリベラルなグローバリゼーションの現代的形態に対するオルターナティヴを求める動きが急に出てきたのである。グローバリゼーションは利益ばかりか犠牲も生み出しているという広く行き渡っている認識を持つことは、抵抗運動をまとめて実行に移していく上で不可欠である。

神話

前著の『グローバル化シンドローム』の中で筆者が展開した議論は、グローバリゼーションについてのもっともらしい神話——すなわち、権力とグローバリゼーションがどう関係し合っているかを検討する際に生じがちなある種の罠と混乱——に焦点を当てることによってさらに深めることができるだろう。ここで重要なのは、分析のカテゴリーと言語——それはグローバリゼーションについて議論するための語彙そのもの——である。なぜなら、それは権力の行使と関係している思考様式に直接的に影響を与えるからである。

現代グローバリゼーションに先行する分析カテゴリーが、多くの人々を惹き付けているグローバリゼーションに関する学問的作品には不可欠なものとなっているのが現状である。現代グローバリゼーション以前の分析カテゴリーであるということを忘れて、分析カテゴリーを現代グローバリゼーションに持ち込み、これに適用することができると考えるのが一般的となってしまっている。しかしながら、世界のある地域の国家が行なっている犯罪行為や、以前は公的活動であった分野が民営化されるといったような現代グローバリゼーションのプロセスによって、合法性とか公共圏というような社会一般の考え方やメディアに深く滲み込んでいる分析カテゴリーに新たな光が当てられるようになってきた。現代グローバリゼーション以前の分析カテゴリーの多くが現代グローバリゼーションによって時代遅れの二項対立的なものになっていることは驚くべきことである。もしそうであるならば、グローバリゼーションによって、知的革新と新しい理解方法が必要とされることになるし、さらに言えば、教育的意味合いも非常に大きくなっている。

グローバリゼーションを推進するパワーについて学校や公共の場で議論される場合、そのグローバリゼーションの説明には広く流布されている神話が含まれている。一つは「われわれは地球村に暮らしている」という神話である。この含蓄ある言葉は既に議論してきたように、人々の関心を「時間と空間の圧縮」という特徴に向けさせる効果を持つものである。しかしこの言葉は、現在展開している世界的再編過程における勝者と敗者の間の拡大しつつある矛盾を覆い隠そうとするものであるので、明らかに人々を惑わすものである。すべての人間が単一の世界共同体に集まって来るのではなく、むしろある地域——とりわけアフリカの多くの地域や他国の領域内にある「飛び地」、そのうちのいくつかは世界の最富裕国にあるのだが——は、政治的・経済的グローバリゼーションの中心的権力機構によって周縁化させられているのである。こうした地域や「飛び地」は、いわゆる「地球村」から排除されてきたのである。さらにいえば、グローバリゼーションのプロセスは数多くの村々を破壊しているのである。小規模な生産者は、ますますグローバル化する経済に引き込まれていくのである。たとえば本国のなかに設けられた輸出加工地域や海外出稼ぎ労働者がその事例である。それぞれの土地に固有の社会的インフラを引き裂くグローバル化のプロセスはエイズの拡大と結びついているのであり、多くの村々の住民のなかでも最も生産的な層を一掃してしまうのである。事実、筆者がカンパラのマケレレ大学の学生として滞在していたウガンダのいくつかの村は、いまやゴーストタウンとなってしまった。社会的インフラはもはや無傷ではありえず、村人はほとんどが老人か幼子であり、その多くは孤児となっている。大家族制が社会的セイフティーネットを提供することが期待され、実際に提供できた時代にはほとんどありえないことであった。

もう一つの神話は、グローバリゼーションが世界中のさまざまに異なる諸条件を調和させるというものである。確かに消費財のように多くのものが標準化されている。それらのうちには、国境を越えた合併を繰り返してきた自動車のように世界的規模で生産されている消費財もあり、デザインや組み立てばかりか生産工程までも別々の国に分割されている。それと同時にグローバルな要素とローカルな要素を混合した新しい形態をとった高度な多様性も現われて来ている。たとえばグローバリゼーションを促進する基本的な要素としばしば考えられている英語を考えてみればよい。実際、さまざまな場所にいるアクターたちは、シンガポールで使われている英語であるシングリッシュのように英語を盗用して新奇な形態の英語を生み出している。

同じ理由で、グローバリゼーションとアメリカナイゼーションは同じものであるという神話に同意することも間違いである。確かにアメリカは他のどの国よりもグローバリゼーションから利益を得てきたことはおそらく事実であろう。グローバリゼーションは確かに優れてアメリカ的なものであるが、すべてのグローバルな製品がアメリカ的なものであるということではない。レゲエ音楽、クロワッサン、日本製アニメを考えてみたらいい。バッグス・バーニーやミッキーマウスではなく、ドラえもんやドラゴンボール、あるいはクレヨンしんちゃんなどの日本製漫画を見ながら、国籍の異なるアメリカ、ヨーロッパ、アジアの若者のいかに多くが育って来たのだろうか。経営者が海外の安い労働力を求めて工場を閉鎖したことにある程度影響されて生じた労働市場の変化や移民の新しい波を、以前は緊密に協力し合っていた地域共同体が吸収しなければならないので、アメリカ中西部は世界の他の地域と同様にグローバリゼーションの衝撃を体験しつつある。

こうした神話を信じ込んでグローバリゼーションが「国境のない世界」への動きであると解釈すべきではない。ヨーロッパ諸国は、ヨーロッパとしてのパスポートを発行し、市民が国境を越える動きを加速してきたが、市民権を与えたり移民を制約あるいは緩和するのは、現在でも国家である。インターネットによる知識や情報のように、グローバルなフローは容易に国境を越えるが、領域主権の原則は依然として重要なものとなっている。領域的に基礎付けられた主権性は消滅していないが、他の社会組織の行動原則と併せて考えなければならないものとなっている。この主権性と他の社会組織の原則は今や現われつつあるマルチ・レヴェルの世界秩序のなかで共存しており、ますます論争の対象となってきている。

しばしば言われることとは逆に、グローバリゼーションは不可避でもなければ抵抗できないものでもないのである。歴史を悲劇的な結末に至らしめる、市場や技術力を拡大していくような絶対的に不可避な力など存在しない。むしろグローバリゼーションが人間によって生み出されたとするならば、それは人間によって元に戻すこともできるし、造り変えることもできるはずである。歴史というものは開かれたものであって、あらかじめ運命づけられたものでもないのである。グローバリゼーションに対する抗議運動が起こったシアトルやその他の場所で明らかになった抵抗は、ネオリベラルなグローバリゼーションを造り変える萌芽的試みを象徴しているのである。

反グローバリゼーションという言葉は、メディアや人気のある書物・論文では陳腐なものとなっているが、十分検討する必要がある。というのは反グローバリゼーションという言葉は、曖昧で概念的に混乱しているからである。今や流行となっている反グローバリゼーションという比喩的言葉は、この言葉を正当化していろいろと理屈を付けるばかりでなく、権力構造に刻み込まれた間主観的イメージを作り出してもいるのである。グローバリゼーション賛成論から反対論に至る多様で幅広い議論を、単純に賛成か反対かに分けてしまうと、政治的スペクトラム上の異なった位置や、さまざまな立場から発せられて来たグローバル化の傾向についての多様な不満の声が曖昧になってしまうのである。曖昧にしてしまうのは、グローバリゼーションを回避しようとする試みではなく、関わっていこうとするさまざまな試みである。事実、抵抗運動のほとんどはネオリベラルな政策には反対であるが、グローバリゼーションそのものには反対ではないので、抵抗運動は社会的目的に役立つのである。この意味で、抵抗運動は、反グローバリゼーション論に基づくものでもなければグローバリゼーション賛成論に基づくものでもないのである。

二〇〇一年ジェノヴァで開催されたG8サミットで、警官隊と激しく衝突してデモ隊の一人が死亡し頂点に達した事例を見てみると、反グローバリゼーションというレッテルは、改革主義者と反改革主義者を両端に据えたスペクトラム上では決定的な差異を認めることができないのである。WTOやIMF、世界銀行のような国際機関の改革を推し進めるべきだという者もいれば、こうした国際組織そのものを廃止すべきだと主張する活動家——左翼陣営ばかりか自由貿易論者も含む——もいるのである。政策の方向性や内容を変えようという努力もあったし、これらの組織を根本的に変革しようとする意図もあった。資本主義そのものではなくネオリベラルなグローバリゼーションに反対する人々と、グローバリゼーションを資本主義の現代的展開と捉えて資本主義そのものに反対する人々との間の違いをスペクトラムの上で区別することが重要であることは確かである。

反グローバリゼーションについて広く行き渡っているイメージでは、グローバリゼーションという現象を最初から否定的なものとして見ているので、論争になっているということがポイントである。グローバリゼーションをめぐる議論から得られるかもしれない成果を曖昧にすると、反グローバリゼーションについて広く行き渡っているイメージはグローバリゼーションに対する社会的批判を貧弱なものとしてしまう。ネオリベラルなグローバリゼーションに対する社会的抵抗運動が発生する場所では、政治的権威と増大しつつある市場の力との関係——それは市民社会のさまざまな集団ばかりか政治権力者をも悩ませる問題なのだが——を含む、グローバリゼーションの陰の部分についての重要な問題を、さまざまな社会運動が提起してきた。

経済危機とも呼ばれるアジア通貨危機が一九九七年にマレーシアを襲い、二〜三週間以内に通貨リンギットは四〇％下落——それは四〇年に及ぶ政治的独立の経済的「成果」でもあったが——したとき、モハメド・マハティール首相は通貨投機家を声高に非難したが、彼の批判を受け止めて行動できる権限をもった国際組織が存在しないことに彼は気がついたのである。マハティールの主要敵である国際金融家ジョージ・ソロスも「市場はそれ自体のメカニズムに委ねたら均衡状態に向かわない」と同様に警告したのである。市場は不安定でグローバル・システムは規制のための新しい形態を緊急に必要としていると主張した。ブラジル大統領フェルナンド・エンリケ・カルドーソも、同じくグローバル化のプロセスを抑制できないことに失望して「グローバリゼーションは国民国家を飲み込もうとしているので、もはやブラジルを統治できなくなった」と率直に述べたのである。「グローバリゼーションによって引き起こされた不平等と排除の増大は、立ち向かうにはあまりに複雑で困難である」とも嘆いている（Leite, 1996：25からの引用）。

最後に、社会的批判を反グローバリゼーションとして片付けてしまうことは、グローバリゼーションに対するオルターナティヴを生み出す妨げとなる。ユートピア的な夢を満足させようとしているからではなく、現在よりも包括的で多くの人々が参加できる民主的なグローバリゼーションの可能性を構想しているので、多くの批判者は抵抗しているのである。グローバリゼーションの弊害を緩和し、公正な方法で機会を人々に配分できるようにグローバリゼーションの諸力を作り変える試みをオルター・グローバリゼーションが意味するならば、批判者たちはこれがどんなに多様であっても賛成するのである。オルター・グローバリゼーションという言葉の正確な起源ははっきりしないが、フランス語（alter-mondialisation）で使用されるようになったのは一九九〇年代からであり、ヨーロッパではよく使われるようになっている。オルター・グローバリゼーションの意味を明確にするのはなかなか難しいが、以下の章（特に第8章）では、そのさまざまな類型ばかりか動向についても詳しく説明するつもりである。

問題群

グローバリゼーションのパワーは、国家、グローバル・ガヴァナンス、抵抗運動という主要なイシューをめぐって現われる。これら一つ一つのイシューによって、前に述べたようなグローバリゼーションを認識するための異なった枠組みが形成され、それぞれの枠組みが関連づけられるのである。

グローバル経済が急速に変化している時に、国民国家がグローバル経済に対しひたすら受動的であるということはありえない。国家システムは固定的でもなければ、一定不変なものでもないのである。この国家システムは、一六四八年にウエストファリア・システムが形成されて以来ずっと進化し続けてきたのである。一方で、市場権力の急速な成長に伴って、国家は衰退しつつある存在、過去の遺物であると主張するものもいる。カルドーソが主張するように、コンピュータのマウスを一回クリックするだけで即時に国境を越えて浸透する巨大なグローバル・フローを制御する力を国家は持っていないのである。同様に、通貨投機家やＩＭＦの構造調整プログラムに関して見られるように、資本は国家を規律するために集合的に力を行使するのだと主張する者もいる。

国家はグローバリゼーションに対応するために主要な政策調整――たとえばラテンアメリカにおける再規制政策を採用しようとする現在の傾向――を行なってきたとする別の見方もある。事実、国家がグローバリゼーションを推進してきたのだという主張もある。すなわち国家はグローバリゼーションの「立案者」であるという見方である。クリントン政権がカナダ・メキシコ両政府の強力な支持を得て北米自由貿易協定（NAFTA）を成立させようとして民主党支持者の多くの反対――そのほとんどは組織労働者や環境保護団体であったが――を乗り越える上で果たした役割がその一例として挙げられる（Panitch 1996）。

一九六〇年代や一九七〇年代、有力企業を国有化した国家もあれば、多国籍企業に規制を課した国家もあったが、今や国家は国際経済に対抗して国内経済を守る盾としては機能しなくなっているという別の解釈もある。対照的に、国家はむしろ国内の経済的利益確保のための促進者となっているという解釈もある。国家はグローバリゼーションを促進する主体となっているとロバート・コックス（1987：253–265）は論じた。この視点からすると、国家は再編の苦しみを体験しているのである。

誰がグローバリゼーションを支配しているのかという悩ましい問題が、この議論には含意されているのである。アジア通貨危機の際にマハティールが主張したように、誰もグローバリゼーションに責任を持っていないと言われることもある。市場の力やEUのような国際組織という、いわば上から増大してくる圧力と、市民社会からの要求という形をとったいわば下から増大してくる圧力の影響を受けて国家は矛盾を抱え込むことになったのである。同時に国家の内部にはインフォーマルなガヴァナンスが少しずつ広まる傾向が顕著になってきた。世界経済フォーラム（ＷＥＰ）――毎年、世界の一〇〇〇近い大企業のＣＥＯや中央銀行幹部、大統領、首相、ジャーナリスト、学者が通常はスイスのダボスに集まって開催する私的な会議――、三極通商委員会、そして格付け会社――たとえばムーディーズやスタンダード・プアーズなどであり、これらの会社の評価によって途上国の経済は発展もするし、破壊されてしまう――のようなグループが目立つようになってきた。こうした傾向はガヴァナンスの民営化であって、伝統的な分野のガヴァナンスを補うために現われてきたものであり、私兵、自衛団、それに（特に警察があまりにも無能であったり腐敗していて警察自体が問題となっている場合に国内で安全を提供する）警備会社が増加していることに見られるように、軍事安全保障の分野で顕著になってきた傾向である。国家が積極的にせよ消極的にせよ、正統な権力を行使する独占権を放棄する場合、私的企業が自らなすべき課題を設定し、グローバル市場において統合がますます進んでいくというネオリベラルな考えを広め、経済を発展させる上で中心的役割を果たし、国家安全保障の権限をも国家から引き継ぐのである。

グローバル・パワーの配置をめぐり大きな緊張が高まるにつれ、議論の多くはどんなルールが採用されるのか、それは誰のルールなのかに関して展開されてきた。ネオリベラルなグローバリゼーションに対する抵抗運動は今始まったばかりで、今後、変化していくものである。その抵抗運動は首尾一貫したものではないが、グローバリゼーションを支持する人々の課題に対し強力な問いかけをすることに成功している。もしグローバリゼーションがルールに基づくシステムになるならば、そのルールを決定する際、誰の意思が優先されることになるのか。私的企業による経済的パワーの巨大な集合体的意思か、国家の政治的権威の意思か、市民社会の意思か、あるいは何らかの形で結びついたこれら諸勢力の意思なのか。十中八九、この問題の解決方法は——それは正に二十一世紀を形成していくことになる、これからの歴史的変容過程であるが——規律的権力と対抗権力の混合形態によって決まるであろう。両者の関係はますます流動化し不安定化しているのである。権力を半人半獣と見るマキアヴェリの概念を想起すると、規律的権力と対抗権力の闘争が理性と強制の両方を通じて展開されていくことは明らかである。もし理性が影響力を保持できないならば、その結果は情け容赦ない強制力の行使しかないのである。

民主主義

もし力の行使よりも理性を選ぶならば、グローバリゼーションの陰の部分を避ける鍵は何かと問う価値はあろう。しかしこの問題はかなりの程度、規範的選好の問題ではある。問題の大部分は、市場が急拡大しているのに説明責任を欠いているということである。市場メカニズムの論理によれば、経済的強者は利潤を極大化して競争相手を負かそうとするものである。彼らこそがネオリベラルなグローバリゼーションの主たる受益者であり、説明責任には何ら本来的利益を感じていないのである。

説明責任は、民主主義の中心的教義である。民主主義にはいくつかの類型があるとはいえ、民主主義そのものは人間世界の最終形態ではなく、絶えず変化しているダイナミクスとともに展開していくものなのである。人、思想、技術の移動を封じ込めることができるといわれていた領域国家のために、民主主義は形成されてきた。しかしながら多くの国々、特に海外に脱出せざるを得なかった人々や他の地域に拠点を置く企業に雇用される人々が大規模に集中している国々は、今やグローバリゼーションによって脱領域化と脱国民化の苦悩を余儀なくされている。グローバリゼーションによって民主主義はリージョナル・ガヴァナンスを実現するために、さらにはグローバル・イシューを解決するために再領域化――国境の内部でも国境をまたいでも――されねばならない。ＥＵやインターリージョナルな規模においては越境的な取り決めによって境界線が消滅しないものの曖昧になり、かつ複雑化している政治形態の状況下では、ナショナル・デモクラシーをその状況に沿って再考することが課題となる。

このような変容過程の中で、最も重要なのはアクセスの問題である。グローバリゼーションを含む、世界を動かしていく強力な成長のためのメカニズムに多くの人々が参加できるようにするためには、どのようにグローバル・ガヴァナンスを造り直すのであろうか。果てしない歴史過程が最終的にどうなるのかを明確に保証するものはあまりないが、歴史過程のダイナミクスを明らかにし、歴史過程を拘束する要因を認識し、これら二つの作業の可能性を想像することによって、人類を正しい未来に導いていく方向がわかるのである。グローバリゼーションとオルター・グローバリゼーションを分析する際の大前提となっているのはこの認識である。ではこれから認識の次元を見ることにしよう。

Ⅱ　知識

第2章　グローバリゼーションを描く

グローバリゼーションについて理解するためには、われわれはまず、それを描き出さなくてはならない。なぜならば、グローバリゼーションは、常に錯綜し変化に富んだ様態で生起しているからである。(1) 勝者と敗者を伴う再編過程の一つの形態として、グローバリゼーションは抵抗によって構成され、そして、それらのプロセスは特定の場所で明確に区別できる諸特徴、つまり歴史的道筋、文化遺産やローカルな提携などで生起している。グローバリゼーションの地図は、抵抗の諸空間として、それらの多くはローカルなレヴェルで、また、ときおり形式的または非形式的ネットワークに関与する越境的連結によるものとして描かれるだろう。

コントロールの低下としてのグローバリゼーション

多くの人々にとって、コントロールの低下（いくつかのアクターは初めから微小なコントロールしか持っていないだろうが）としてネオリベラル・グローバリゼーションを体験するところにローカルなレヴェルで抵抗の一つの主要な推進力が働いている。そこには、ウエストファリア的領土国家を超越する市場の諸力に対して、より微小のコントロールしかない。政治的コントロールの低下は、市場の統合化（たとえば、国際通貨基金や世界銀行による構造的調整プログラムによるもの）あるいは通貨投機家たちによって突然引き起こされる資本流出などで、国家が規律されるところに見られる。第1章で指摘したように、そのような弁証法的展開にある国家は、上からの圧力、特に市場の諸力とマクロ・リージョン・プロセス、および市民社会と社会運動など下からの圧力に見舞われる。さらに、ハリウッドのような越境的産業に直面するなかで個々の地域の文化的価値の侵食が起こるだろうし、そのような傾向に対抗して、次第に下からの文化的主張や再主張が試みられるだろう。

ネオリベラル・グローバリゼーションの文脈における文化的喪失の問題を例にとってみると、われわれそれぞれの言語は思考を一意的にとらえて表わすし、そうしたわれわれの使う言葉がすたれてくれば、思考もまた消失するということに留意することは重要である。もしある言語が消滅すれば、多様な諸観念も含めて文化の諸側面は一緒に消滅することになる。支配的な諸言語はそうでない諸言語と長年接触を繰りかえしてきたが、それによってあまり普及していない諸言語を消滅させるプロセスが加速化しているという証拠もある。それゆえに言語学者によれば、世界に存在する六〇〇〇の言語のうち五〇パーセント以上の言語は向こう一〇〇年の間に消滅するだろうし、たった五パーセントだけが少なくとも一〇〇万人の人が話し、国家に支援されているという意味で、「安全」であると推定される（Wurm 1996 : 5; 'Cultural Loss Seen as Languages Fade' 1999）。言語の消滅率は地域により異なるが、ペルーのアマゾンを例にとると、初期の宣教師たちが各々孤立した社会の間では五〇〇以上の言語が存在したと報告している（言語学者たちの控えめな試算では無数の方言を伴う一〇〇から一五〇の言語が存在した）。今日では、それらの言語の中たった五七しか存続せず、二五もの言語は今にも消滅の危機に瀕していると言われる（'Cultural Loss Seen as Languages Fade' 1999）。文化遺産のこうした損失は文化的縮小の一つの形態とも考えられるが、これは多様性の増大も伴っている。カナダやヨーロッパのいくつかの諸国では、ナショナルあるいはサブ・ナショナルの諸言語を保護するための法的措置をめぐり論争が起こっている。英語の重要性が増すなかで、批評家や市民社会集団は彼ら自身の言語の使用を擁護してきた。というのも、こうした言語は、彼らのアイデンティティ、価値観、そして象徴のみならず、意味を巡る主張にも係わる問題だからである。

抵抗

いくつかの事例では、ネオリベラル・グローバリゼーションに対する防御は、抵抗を引き起こしている。抵抗の概念構成は、適切にその範囲を定めなければならないし、その現象は理想化してはならない。抵抗は、現代のグローバリゼーション自体の一部分として機能しており、単なる反対を意味していない。

現在以前のグローバリゼーションおよび他の諸文脈においては、自発的抵抗は、さまざまな方法によってなされてきた。われわれの目前に開示する問題群に対して敏感になるために、そして、そのいくつかの次元を考慮するために、筆者は以下で抵抗が示す意味の多様なニュアンスについて簡潔に述べてみたい。

自然科学において抵抗は、（電流を）変圧させる力を備えた特性と考えられている。それは、他の電流や粒子と衝突して電気エネルギーを熱へと変換する一つの回路の部分を指す。回路素子または伝導体（導体）の抵抗は、温度が上昇すると増大するだろうし、あるいは低温化でゼロまで落ちる。つまり、変化の可能性を秘めたコイルが抵抗器なのだ。別の意味では、抵抗は、病気に対する身体の免疫を指す。これは医科学研究者たちが考える保護的メカニズムの一つで、種々の条件の下で伝染的、侵入的または外から入ってきた病原体に対する遺伝的あるいは後天的な反応である。抵抗は、伝染的な組織体を取り除いたり、無効にしたり、そして無力化する（Imam 2001）。

歴史的に抵抗という言葉は、第二次世界大戦中、ドイツが占領するヨーロッパにおいてナチの支配に対抗して結成した秘密集団を連想させる。この集団は市民、武装したパルチザン（労働者・農民などで組織された非正規軍）およびゲリラ兵たちで構成され、彼らの活動は敵の作業を妨害したり、同盟諸国に情報資料を提供したり、ユダヤ人や他の人々の逃亡を手助けすることなどであった。他の事例では、非暴力的であれ、受動的であれ、抵抗は不服従や相手から譲歩を引き出すことなどが含まれる。市民的不服従のように、抵抗は、道義的な手本として変化を引き起こすことを狙う。

したがって、抵抗の効果は、道義性にアピールすることに基づいている。市民的不服従の哲学のルーツは古代ギリシャやローマの伝統に見出されるが、マハトマ・ガンジーやマーチン・ルーサー・キングJr.などの足跡に辿ることもできるし、その地位は国際法にも認められる。たとえば、戦争犯罪者を裁いたニュルンベルグ裁判は、ある特定の状況においては、個人もその人の国家の法に違反する行為をしなかったという責任を負わされるかも知れないということを示した。つまり、ある国家の絶対的権威（つまり主権）が主張する領土空間を超越する諸基準が存在することを示唆している。加えて、フェミニスト理論に多く見られるように、抵抗は、社会に広く認められる諸規範に対するある種の反動、巻き返しや、挑戦以上のものを意味している。むしろ、抵抗は意識と実践の双方の内に起こるのである。それは、家父長制の代替案の可能性と女性の主体性を認めている。端的に言えば、フェミニストの抵抗概念は、社会情勢の批評だけでなく、構造的変容を引き起こす積極的努力でもある（Imam 2001, Fisher and David 1993; Laslett, Brenner, and Arat 1995; and Cosslett, Easton, and Summerfield 1996）。

また、社会理論家たちの仕事も眼に留まる。なぜならば、幾人かの著者は、他の理論家たちよりも抵抗の概念を押し進めたからだ。確かに、カール・ポランニーの二重運動（1957）の概念は独創的な貢献である。彼は、十八世紀と十九世紀の産業資本主義の発達に伴い深化・拡大した市場の足跡を辿りながら、その社会的破壊効果や分裂効果が反対運動の形で自己保護的な措置を起こさせると説いたのである。ポランニーの分析が英国における資本主義の台頭とその影響に焦点を合わせたのに対して、他の著者たち（たとえば、Sakamoto 1994）は、彼の分析枠組を現在の市場統合に対して拡大適用しようとしてきた。ポランニーの洞察は「フォーマルな」運動を理解する意味では最も有用であるが、それらのイニシアティヴは組織的に編入されてしまった。他にはそのように硬直化しない例もあるが、それらは文化的領域に最も容易に見出されるだろう。

その道筋はグラムシ（1971）が示したもので、彼のヘゲモニー概念は合意と強制の混合物として理解され、その中でも合意のほうが支配的な要素となる。グラムシにとって、家族、学校、教会、メディア、労働組合などを含む市民社会の諸制度は日常生活に意味を付与するので、力の行使の必要は削減されている。ヘゲモニーは、日常生活に対する力やコントロールが国家または支配層の外的資源と同じほど、自己統治（共同体に埋め込まれた諸個人）に由来していると理解されているときに、確立するのである。よって、ヘゲモニーは、社会の下位集団の参加を必要とする。下位集団は、あるヘゲモニーのプロジェクトを支持するか、あるいは程度の差こそあれ、それに抵抗する。対抗ヘゲモニーは、次の二つの形態の一つをとるだろう。一つは国家に対する直接攻撃（労働者のストライキ、軍事行為など）の「機動戦」であり、もう一つはボイコットのような「陣地戦」という国家の諸機能を妨害する漸進的なもので、態度変更に関わるものである。両者に共通する目的は、国家のコントロールを奪い取ることである。しかし、現在のグローバリゼーションでは、国家は抵抗の標的ではないのかも知れない。むしろ、時には、国家は抵抗の主体でさえありうる。たとえば、マレーシアによるある程度の資本コントロールの適用や、規制緩和、自由化、民営化などの「ワシントン・コンセンサス」に対するフランスの制限的な対応などがそうした例にあたる。

グラムシ的視点のある次元を組み入れながら別の枠組を構成したのが、ジェームズ・C・スコットの「インフラポリティックス」（基底政治）の理念である。それは、単一あるいは集合的に採択される抵抗の日常的形態であるが、公然と宣言された主張ではない（1990）。公的記録（支配的エリートの自己描写）の文脈のなかにインフラポリティックスの活動は出現するのであり、ゴシップ、緩慢な動作、しゃがみ込みやユーモアといったような多様な形態をとる。隠れた記録は、下位の集団が公的記録の範囲を超えて行なう言動の記録である。彼らは、支配の実践に対して非常に微妙に疑義をさしはさむインフラポリティックスを表示し、対抗言説を構成しているように思われる。しかし、この広いカテゴリーは、過度に用いられる危険性もないとはいえない。つまり、グローバリゼーションに対するすべての種類の反応を抵抗であると考え、マクロ構造に対するそれらの実際の影響力を評価することなしに、抵抗の全領域を包括するものとして用いられる危険性である。

ポランニー、グラムシやスコットと区別して、フーコーは、抵抗をわれわれにとってなじみの薄い境界によって区切る。フーコーにとって、権力と抵抗は相互に構成されるものである。その理由は、すべての権力関係は、権力の諸関係を構造化するために敵対する戦略の争いに巻き込むからである。とはいえ、フーコー流に言えば、抵抗は権力の裏面ではなく、極度に広い概念であり、おそらく理不尽にもあらゆる場所に存在するという。「権力の関係の網の目が、機関と制度を貫く厚い織物を最終的に形成しつつ、しかも厳密にそれらの中に局限されることはないのと同じようにして、群をなす抵抗点の出現も社会的成層と個人的な単位とを貫通するのである」（1990：96；渡辺守章訳、一二四頁）。権力は全体化し階層的組織を形成する傾向にあるが、抵抗は脱中心化されローカルでユニークである。「権力に対して、偉大な「拒絶」の場が一つ——反抗の魂、すべての反乱の中心、革命家の純粋な掟といったもの——があるわけではない。そうではなくて、複数の抵抗があって、それらがすべて特殊事件なのである」（1990：95-6；同上、一二三頁）。

換言すると、権力は広大な多数を形成する一つの流れであるとして最も良く理解されるとすれば、抵抗自体は多様であり、非常に拡散しており、ときにはローカル化している。これはフーコーの洞察であるが、抵抗は一つの水平的ひろがりであり、その権力関係は非階層的なネットワークであり抑圧的な権力に対抗するローカル知と、他の枠組みとともに東南アジアのグローバリゼーションとの遭遇について明らかにする論点を創造する。

東南アジア

グローバリゼーションに対する抵抗について検証するには、特定の世界のリージョンやサブ・リージョンの鮮明な分析に取って変わるものはない。特に、その豊かで多階層的歴史と無限なほどの多様性を擁する東南アジアは、グローバリゼーションおよびそれに対する多種多様な応答を検証するための非常に優れた視点を提供している。一九九七から九八年に起こったアジアの経済危機はグローバルなフローが東南アジアのサブ・リージョン、少なくともその主要な都市群——それまで経済の奇跡、あるいは奇跡に近い発展の中心として考えられていた――に強烈な変化を起こした様態にわれわれの注意を向けさせた。強い影響を受けたインドネシアから、より弾力性を示したシンガポールのように脆弱性の度合いは異なるが、この危機はサブ・リージョンの経済を下方スパイラルへ追いやるのみならず、また政治、社会や生態にも影響を及ぼした。

一九九七年ｰ九八年のアジア危機は、グローバリゼーションにおける一連の危機の先駆けとして、つまり、二十一世紀に広く行き渡る特徴として見られることになろう。それに、危機に対して、二項対立ではない、追従から抵抗の範囲におよぶ応答の仕方は、グローバリゼーションを再描写するための創造的可能性の類別を示唆している。現実に、グローバリゼーションが統一された構造ではない限り、決してすべての社会現象を同質化するのではなく、明らかに別種の諸結果を産み出す変化に富んだ道筋であることを明瞭に示している。もしそうであれば、抵抗は多元的で、開かれた、寛容な世界秩序を構築することができる。抵抗が耐えられないことを克服する願望を含意する限りでは、それはのどかな過去ではなく、不正に対する苦痛を取り除くためにローカルな企ての歴史を思い出す事なのだ。スペインによる植民地化、米国の支配、そして軍事政権に対峙したフィリピン人たちの動員のように、東南アジアのいくつかの地域には、苦痛を取り除くための長い伝統と生きた記憶が存在している。マレーシアのように異なる事情下にあったとすれば、その文化は紛争の公然たる表出をある程度までは抑制するだろう。とはいえ、いくつかの事例が示すように、社会諸力の連合の主体者たちは、彼らを苦しめる危害に反対して立ち上がるだろう（例えば、Sabihah 2001

のサラワクの研究を参照）。そうした集団行為の形態は、社会空間および他の政治管轄にも広がる可能性を秘めている。そうとはいえ、抵抗は、現存の不当な扱いに対する単なる否定ではないことを強調しておきたい。抵抗、およびオルター・グローバリゼーション（第8章）を拡大したものはまた、現存の秩序よりも良いものを想像することがらなのである。

グローバリゼーションの規模

政治共同体の規模を想像することは、政治哲学では昔からの伝統である。理想国家の空間的規模について内省しながら、アリストテレスは、都市国家の領土は、物理的および相互主観的な意味で適度の規模であるべきだと考えた。なぜならば、彼は住民のアイデンティティに心を配ったからであり、われわれはそれを彼の著書、『政治学』において容易に見出すことができる。つまり、彼が「国土はその拡りと大きさの点では、そこに住む人々が閑暇を楽しみながら物惜しみせぬ生活と同時に節制のある生活をおくることとの出来るほどのものでなければならない」（Aristotle 1962:293; 山本光雄訳、三二一頁）、と述べているところである。近年、領土国家が上からと下からの多種多様な圧力を受けている状況下において、グローバリゼーションとは、社会組織の適切な時間と空間の規模について追求することがらなのである。それが単一ではない、連結した一つの複合体、つまり、世界のさまざまな地域において異なるベクトルのプロセスを指している限り、グローバリゼーションは多方向現象の一つである（Jessop 1997; Mittleman 2000）。そして、すでに指摘したように、それへの諸圧力は、市場のダイナミクスあるいは国家主導の地域主義といった構造的諸力に結びついたり、また社会運動の活動のような主体的要素に結びつくのである。

社会運動（運動という言葉自体は場所における変化を意味するもの）は、規模を拡張したり、はみ出したり、縮小するような戦略を練ることになる。規模の拡張は、市民社会内の諸集団が他の分野との連結を形成しながら彼らの影響力を広げ、地域を越えて多くの分野のイニシアティヴの範囲を広げるときに起こるものである。それは、国民国家の枠からはみ出して他の諸国や地域の市民社会と連結を強めることを意味する。しかし、もしグローバリゼーションの構造が操作的にローカルの生活に対して大きすぎるとされると、その規模を拡大したりはみ出したりすることは方向感覚を失う原因になる。グローバリゼーションによってもたされる両義性は、ある事例によると、規模の縮小という逆説的な応答を生み出す——共同体の周りに要塞を築き、そして、グローバリゼーションの諸力に関与する事なしに、ローカル化するのである。

言うまでもなく、近代の主要な政治単位は西洋に由来する国家であり、そして、それが世界の他の諸地域に移植された。政治組織としての領土モデルは、主権国家に対して国境横断的な流れをコントロールすることを要求し、そして、国家間システムの論理を支持する。ところが、経済のグローバリゼーションは、脱国家的な流れ——資本、テクノロジー、情報、人の移動など——の加速化を伴いながら、領土の境界線を横切るのである。世界経済において造られた国境横断的な連結と国家政治の垂直的な次元は、社会組織の二つの異なるベクトルであり、後者は変容するグローバルな構造に対して適応しようと努める。前者は大規模であり、遠隔に位置し、説明責任に欠けているのに対し、後者は市民の最も近くに位置して、多くの説明責任の圧力をますます受けるのである。この分離された状態では空間は拡大し、抵抗活動の新しい場が開かれていく。それによって、グローバリゼーションと共に、抵抗活動のような非国家政治はより顕著になる。

グローバリゼーションは脱領域化、つまり脱領域的諸関係の増大（Scholte 2000）を意味すると主張されているが、抵抗の多くは、事実、再領域化に集中している。民主主義は、その意味するところによれば、領域的に固定された国家が人々の動き、理念やテクノロジーなどを包摂することができるよう造られているものである。しかし、他方、民主主義を再領域化する取り組みもなされている。このことは、リージョナルおよびグローバルな諸問題を解決するための統治の一つの方法として、民主主義を国境内および国境横断的に強化することを意味している。さまざまな抵抗運動は、グローバリゼーションの時代に適した時間と空間の規模で、政治的共同体と社会的連帯を再構築しようと繰り広げられている。そうした運動の多くは市民社会に端を発しており、いくつかの国家は市場の諸力を誘い込む娼婦的な振る舞いをするが、他の国家はまたグローバル化する構造に対して抵抗するだろう。もしそうであれば、現在のパターンというより可能性にすぎないが、市民社会の取り組みと国家は相互に刺激しながらグローバリゼーションを描き直すことも可能であることを意味する。

領域単位の問題、より一般的にはその規模の問題は、さらに、知の主張の問題に進展した。つまり、グローバリゼーション研究のなかで具体化してきた知の主張は、優勢なパラダイムを形成しているのか否かという論議が次第に活発化してきたのである。

第3章　グローバリゼーションは優勢なパラダイムか？

本章では、グローバリゼーションは、国際関係研究のなかで優勢なパラダイムに相当するのかという問題を取り上げる。この問題は、より具体的には、存在論、方法論や認識論についてのわれわれの研究の従来の「三大論争」を超えるものである。ところで、理論的な論争をかき立て、以前の論争で検証した諸問題を融合しながら、パラダイムの挑戦としてのグローバリゼーションに注目するもう一つの議論が熱を帯びてきた。「三大論争」における最初の議論は「リアリスト」と「アイディアリスト」の間、二番目は「伝統主義者」と「科学者」の間、三番目は「実証主義者」と「ポスト実証主義者」の間、または「主流」対「反対者」の論争であった（Lapid 1989; Wendt 1999 : 39; Puchala 2000 : 136 の用語）。

さて、ここから論を進めよう。国際関係研究はいま、パラダイムの維持者（現在普及しているパラダイムを維持することに固執し、グローバリゼーションは世界についてなんら新鮮な思考の方法を提供しているとは考えない人々）とパラダイムの創造者（既存のカテゴリーは役に立たず、革新的なパラダイムへ移行したことを主張する人々）の間の議論の前線に置かれている。この区別は、多様な見解を検証するための一つの発見的方法である。この発見的方法に関する議論は、二つの立場のうち一方の立場に何かが欠けているという関係を仮定するものではない。むしろ、パラダイムの維持者と創造者の間には多くの移行およびダイナミックな相互作用が見られる。それらの傾向はまた、絶対的なものでもない。同様に、現存するグローバリゼーションのパラダイムとオルター・グローバリゼーションのパラダイムの可能性の二項対立の議論でもない。この章で示されるように、多種多様な論点および複雑な解釈が知的展望を表わしている。

新しいパラダイムへの優勢は、国際関係研究における諸論争の逐次的な進歩のなかの四番目の継承者という以上の、あるいは別の何かを表示している。新しい知識を構築するのは累積的過程であるかもしれないが、それは必ずしも単線的な過程ではない。それは、ほんのときおり、パラダイム的断絶を伴うものである。パラダイムは、頻繁に、また急速に、容易に移行しないことは確かである。われわれ国際関係研究の専門家たちは「知る人」であると思われているが、正直にいって多くの場合、「実行する人」を追うように諸出来事の追跡をするのである。冷戦の終結という大規模な出来事を予期することに失敗してもなお、われわれの多くは、既成の諸パラダイムの変更に対して抵抗するのである。

もしトーマス・クーンのパラダイム（Thomas Kuhn 1970）の意味が一つの共通枠組み、諸問題の設定を助けるある共有された世界観、分析方法や道具のセット、そして解答可能と思われる研究問題を解決する仕方であると理解されるのであれば、グローバリゼーション研究は呉越同舟である仲間を作ることになる。多分、国際関係研究において有望なサブ・フィールドを構成しているグローバリゼーション研究は、さまざまな関与と利害を含んだ異なるタイプの理論家たちを結びつけることになる。

グローバリゼーションは、急速に繁殖する理論的著述の主題であることを誰も否定しないだろう。その先行研究、主として古典的社会理論、世界史や資本主義の台頭などの研究があるにもかかわらず、グローバリゼーション自体の学問的文献は、一九九〇年代以前には実をいえば存在していない。グローバリゼーションとは、ある程度は、統合的概念である。つまり、分析者たちが現実を理解するために追求した先駆的諸概念の再構成である。明らかに、この再構成はいかにも最近のものであり、その重要性に関する文献と議論は、われわれの学問分野の核心を突いている。国際関係研究において、何が根本的に未解決な問題なのか？　それは第一に、戦争と平和の問題なのか？　それは、主として国家が国家に対して行なうことがらなのか？　それとも、むしろ国際政治経済の教育と研究に多く見られる、国家と市場の二部構成なのか？（例えばStrange［1996, 1998］や他の研究者たちがそれを拡大して多種多様な非政府主体を加えた）あるいは、もしグローバリゼーションが本当に新しい基準を見出すのであれば、国際関係研究の問題性をいかに変えるのか。そして、学問分野、国家横断的、開発および地域などの諸研究の国際関係研究への関わり方にとっていかなる含意があるのだろうか？

よって本章の目的は、知識のセットとしてのグローバリゼーションの優位性および新しいパラダイム形成の問題に関して、これまでは断片的で、多くの散在する出所をもつ相異なる立場を寄せ集めることである。(1) 私は、ここで議論を組み立ててはっきりさせる際に、必ずしもパラダイム保持者と創造者のより大げさな主張の間の中間をとるのではなく、そこに均衡を計りたい。そうしながら、グローバリゼーション研究の諸仮定を仕切り、不適当な点を明らかにし、そして説明可能性について指摘したい。

台頭してきた議論

パラダイム維持者と創造者の議論の展開のあいだには、鋭い二項対立ではなくひとつのスペクトル上の濃淡の違いこそが存在することを繰り返し述べたほうがいいだろう。実際そのうちに、パラダイム創造者は彼らのパラダイムに執着するようになり、他のパラダイムの創造者によって非難されることになるだろう。グローバリゼーションに関する彼らの立場を見分けるためには、それを包括的に扱うのではなく、学者たちの立場を表現している明確な声明を引合いに出し、そして彼らの主張を不当に扱わないように十分配慮しつつ、それらの論理の範囲を検証することである。

パラダイム維持者たちは、グローバリゼーションは優勢なパラダイムを構成するということに対して懐疑的か、またはそれを否定する反対者たちである。こうした人々は、リアリスト、相互依存論者、社会民主主義者、そして幾人かの世界システム論者たちである。グローバリゼーションを一九九〇年代の一時的な流行、そして根拠のないモデルとしてみるケネス・ウォルツ（Kenneth Waltz）は、「グローバライザー」（私のいうグローバリゼーション研究者）と呼ぶ論者たちの主張に反して、「政治は相変わらず経済に勝る」（1999：694, 696, 700）と宣言する。彼は、彼自身が二〇年前に提言（Waltz 1979）した「国益」は「国家間のシステム」を動かし続けるというネオ・リアリストの立場を再び主張するが、彼と同じ問題関心を持つ「グローバライザー」が書いた基本的な理論的文献は検証しない。ウォルツは、驚くことに、主要なパイオニア的理論家たち（例えば、Giddens 1990; Harvey 1990; Robertson 1992）の反対の見解やグローバリゼーション研究の異なる学派などを確認できていない。そうした理論家たちの論点の中には、おそらくウォルツが多くの価値を認め、また彼自身の仕事の誤りを正してくれるに違いないものが多く存在するのだ。ウォルツ（1999）はロバート・コヘイン（Robert Keohane）とジョセフ・ナイ（Joseph Nye）の共著、『権力と相互依存』（*Power and Interdependence*）を取り上げながら、次のように評している。すなわち、相互依存が新しいレベルに到達したというグローバライザーの主張は、単純な相互依存が複合的相互依存になったという以前の主張とあまり変わりはない。つまり国家群は、さまざまな社会と政治関係に連結の度合いが安全保障と軍事のことがらよりは次第に強くなったと言っているにすぎないと。

事実、最近でも、コヘインとナイは現代のグローバリゼーションは全く新しいとはいえないと次のように主張する。「われわれが二〇年以上も前に特徴づけた相互依存理論は、新しい世紀を迎えたいまグローバリゼーションに適用できる」（2000：104）。したがって、グローバリゼーションの概念は、複合的相互依存のように、大陸間をつなぐネットワークやそれらのネットワークのより密度の高い運営、そしてそれらに参加する増加した主体者たちなどを生産的に考慮するよう拡張できるだろう（Keohane and Nye 2000）という。ウォルツに比べると、コヘインとナイは、政治の古典的なテーマを超えたところの諸変化を認め、彼らの枠組みに脱国家的な問題群を構築するのである。しかし、ウォルツと同様に、コヘインとナイは、国家主権システムは弾力性を持ち、世界の支配的な構造であり続けると仮定している（1998）。彼らは、グローバリゼーションへのアプローチは、国家中心のパラダイムが最も適切であると信じて疑わない。つまり、より多くの次元を分析に組み入れる、追加的な方法で利用される限りでは調節できると推論している。

相互依存論者たち（とコヘインの用語におけるネオリベラル・インスティテューショナリスト、1984）は、グローバリゼーションを国際関係研究において十分に試され実験済みのアプローチへ融合しようとする。しかし、それはまた、社会民主主義者たちが実際、グローバリゼーションには本当に新しいものなどないと主張したのと、同じである。この見解を延長していえば、彼らは新しい理論的出発を認めていないのである。その影響力ある研究で、ポール・ハーストとグレハム・トンプソン（1999; Gordon 1988 の仕事に共鳴するもの）は、世界経済は、本当はグローバルではなく、貿易、対外直接投資および金融の流れが実証的に示すように、ヨーロッパ、日本および北米の三組に集中していると主張する。今日の国際化した活動のレベルは先例がないわけではなく、今日の世界経済は、一八七〇から一九一四年の期間に比べてより開放的で統合されているとはいえない。そして、今日、主要な国家群は、以前そうしたように、政策を調和させ続けているという。彼らの実証的な測定および代替指標の適性に関する方法論的問題は脇に置くとして（Mittelman 2000: 9–24）、明らかに、ハーストとトンプソンは、分離した国民経済群の間の交換に依拠した国際経済に対して、十分に成熟したグローバル経済という二つの理念型の二分法で構成するウェーバーの分析方法を固守しているといえよう。自由市場の支持者たち、つまりグローバル化の傾向を誇張し、規制の撤廃を欲しているると理解される論者たちと議論する際に、ハーストとトンプソンは、彼らに反して、市場に対するより広範な政治的規制、より大きな規制を設けることに好意的である。

世界システムの理論家たちもまた、グローバリゼーションは何も新しい現象ではなく、資本主義の諸起源（Wallerstein 2000）の数世紀まで、あるいはそれ以前まで遡ることができると主張する。この見方では、基本的な対立は、資本主義世界システムと社会主義世界システムのそれである。しかしながら、後で議論するように、多くのグローバリゼーション研究の意図するところは、例えば、国際対グローバルおよび資本主義対社会主義のような二部構成を拡大することであり、それによってマクロ・リージョン、サブ・リージョン、ミクロ・リージョンのレヴェルやローカリティを含んだ多様なグローバル化のプロセスを認めることである。どちらかといえばグローバリゼーションは、国際関係研究では通例の二元性、たとえば国家と非国家、合法と不法、公的領域と私的領域などの多くを曖昧にするのである。

パラダイムとしてのグローバリゼーションについて、異なる議論を展開する多様な理論家たちは、それをある特定の伝統または諸伝統に分類するのではなく、みなグローバリゼーションは明確に区別できる理論的イノベーションを構成しているという提案を支持している。彼らを集団的に分類することは難しいが、これら大西洋をはさんだ学者集団は国際関係研究に対してパラダイム的挑戦の兆しを示している。この立場に象徴的な四人の学者は異なる関与をしつつも、新しい知識に対する立場は一点に集まっている。

革新的立場を代表するフィリップ・サーニー（Philip Cerny）の主張によれば、理論家たちはリアリズムに対するオルターナティヴを捜し求めているのであり、「その主要な競争相手の栄誉を与えられているのがグローバリゼーションの概念である」（1996 : 618）。同じように、イアン・クラーク（Ian Clark）は、彼の著書『グローバリゼーションと国際関係理論』（*Globalization and International Relations Theory*）で「グローバリゼーションとは、政治的変化が理解可能な枠組みを提供するものであり、そしてもしグローバリゼーションが何かをするというならば、一つの変動理論の構築を可能にしている」（1999 : 174）、と明白な議論を展開している。サーニーとクラークに同意するショルテ（Jan Aart Scholte）は「現代のグローバリゼーションはパラダイム・シフトに十二分の原因を与えている」（1999 : 9）、あるいは、もう一つの公式化によれば、「グローバリズムは一つのパラダイム・シフトを保証する事例であることは議論の余地がないようだと考える」（1999: 22）、とされる。ショルテは議論のいくつかの空白を埋めてはいるが、まだ問題は残っている。つまり、この新しいパラダイムの特徴は何であるのか、ということである。

グローバリゼーションの理論家たちは、この問題には試験的に回答しているが体系的には答えていない（この問題については後述する）。パラダイムとしてのグローバリゼーションの地位に関する議論には、より慎重な調停もまた存在する。世界秩序の「媒介変数的変化」に注目するジェームス・ローズノウ（James Rosenau, 1997）は、グローバリゼーションはパラダイム発展の新しい段階を形成すると主張する側を、明らかに支持している。しかしながら、彼の考えるグローバリゼーションの概念は、変化するグローバルな構造に関連するほかの諸概念よりも「範囲はより狭く、内容はより特定している」。ローズノウによれば、グローバリゼーションは、人々や組織が彼らの目的を達成しようと試みる「心と行動のなかに展開する過程と結果」を指しているという。換言すれば、グローバリゼーションは、客観的傾向であるのみならず、また主観的過程を構成し、構成されるものであるといえる。これは、権力の行使および公共政策を特徴付ける、もしくは批判する学問の双方を含意する精神的または相互主観的な枠組みである。確かに、新しいパラダイム台頭の問題は、より理論的、また実証的な正確さを必要としているので、限定的に応答することは考慮に値するだろう。この応答へのルートは、何がパラダイム的変化を引き起こすのかという、クーンの見解を辿ることになる。

新しい知識の問題(2)

自然科学史の研究においてクーン（1970）は、よく知られているように、新しいパラダイムは諸事実や諸仮説の直線的な累積を通じてよりも、むしろ破壊から現われてくると主張した。彼の主張によると、通常科学はパラダイムの内側から現われ、パラダイムによってすでに確立され正当化された知識の類型を確かめる一つの手段である。クーンによれば、通常科学はときどき革新を抑圧する。なぜならば、革新はその科学の基本的なコミットに対して破壊的であるからである。

通常科学の目的には、新しい種類の現象を引き出すことは含まれていない。鋳型に嵌まらないものは、全く見落とされてしまう。科学者は普通、新しい理論を発明しようと目指しているのではなくて、ただ他人が発明したものに満足できないのである。むしろ通常科学的研究では、パラダイムによってすでに与えられている現象や理論を磨き上げる方向に向かう。(Kuhn 1970: 24; 中山 茂訳、二八頁)

あるいはこれを推定すると、ある知識を共有する社会の成員たちはある種の問題群を標準化するだけでなく、その他の種類の問題群を疑問視する能力を抑制してもいるといえよう。クーンの洞察で最も重要な点は、知識人たちはアノマリ(異常、変則的なもの)に対する言い逃れをめったに拒否しようとはしないということだ。例えば、ある観察が先行する理論的理解から引き出される期待に反する場合である。新しいパラダイムが現われるのは、異常な現象を説明する負担が重くなりすぎるときとか、オルターナティヴの枠組みの提唱者が共通の前提を受け容れられず、競合するパラダイム間で共役不可能性が生じているときなどである。

クーンの命題は自然科学から引き出されたもので、それを社会諸科学へ持ち込むことはできないのではないかと反論する人もいる。ましてや、付け加えるならば、物理学のような学問よりははるかに混成の国際関係研究のような分野に持ち込むことは無理があると。しかし、筆者のここでの関心は、学問のそれぞれの分野における発見の、まったく異なる手段についての認識論的論争についてではない（Lakotos 1970；Ball 1976；Barnes 1982 など参照）。むしろ、筆者の論点は、グローバリゼーションは「本当の」現象であるばかりか、世界を解釈する一つの方法でもあるという、より実用的なものである。

確かに、知識の産出に関するクーン的視点は、科学的共同体の内部における社会的および心理的諸条件に限定している限りでは非難され易いし、共同体の外部での知識の社会的構成に対して十分な信頼を寄せていないともいえる。社会諸科学内の諸要素は、その外的諸要素の関連への考慮を欠いては十分に説明できない。とはいえ、われわれは、社会的諸条件のより広い分析での理論的革新についてのクーンの洞察に傾倒することを憚らない。さらに、もしわれわれが国際関係研究は急速にクーン的危機に直面している、つまり支配的パラダイムまたはパラダイムの転換に近づいていると信じないのであれば（そして筆者自身も信じないけれど）、確立された知識セット（カリキュラム、専門誌、資金提供機関などのそれらを支持したり弱体化させたりするような諸構造を含む）と潜在的に新しいパラダイムとの間のダイナミックな相互作用を把握することは重要である。たとえパラダイムの危機に瀕していなくとも、ある優勢なパラダイムが出現することもありうるのだ。

クーンにとって、新しいパラダイムへの移行は起こるか、または全然起こらないかのどちらかである。「ゲシュタルトの切り変えのように、それはすべて一度に（一瞬にして起こる必要は必ずしもないが）起こるか、全然起こらないかのどちらかである」（Kuhn 1970 : 150 ; 中山茂訳、一七〇頁）。なお、この議論に関連する微妙な差異については、その後の彼の次の著作を参照。Kuhn 1977a, 1977b）。クーンは、このような方法で変革を説明するとき、先駆のパラダイムの固執性や彼らの自己修正能力を過小評価する限りにおいて限界を露呈する。そのようなとき、社会諸科学において十分見られる兆候といえば、彼らは通常嬉々として反撃してくる。とはいっても、クーンは、代替パラダイムの探求と関連して、アノマリをくぐりぬけることを拒否することが、新しいパラダイムを推進させると確認したという点で、理論的革新の理解へ向けて大いに貢献した。

その文脈では、ウェーバーの「社会科学と社会政策における「客観性」」と題する論文を思い起こすとよいだろう。クーンと同じように、ウェーバーは、優勢な知的機構は新しい知識と常に緊張関係にあると指摘している。ウェーバーによれば、この対立は創造と発見の推進力である。つまり、概念というものは変化すべきものであると認めている。しかしながら、知的機構にはまた何が知るに値するかを探し出すことを可能にする持久力が存在すべきである。換言すれば、一時的に物事が流行ったりすたれたりすることこそ最悪である。最終的に、ウェーバーは、頑固な古い概念と絶え間ないパラダイム移行の間の中間コースをとるように呼びかけたのである。

パラダイムへの前進を追及するための提言をクーンとウェーバーから得たところで、われわれの学問分野では何がアノマリなのか、そしてグローバリゼーションはそれらの不完全性を修復する実行可能な競争相手なのか見ていくことにしよう。

国際関係研究での不快感

不満が生まれない学問では、事は始まらないといえよう。やはり学者たちは、討論の術を仕込まれている。微妙な差異を唱える技能は、われわれの常套手段である。とはいうものの重要なことは、国際関係研究のなかで明らかに変則的なものを考慮することである。それらのいくつかの不規則性は繰り返し現われてくるが、それもそのはず、冷戦終結後の途方もない変化の到来、および新しい世紀の始まりにグローバルな統合と分裂という独特の混合などの他の不規則性も近年現れてきたからである。他の不規則性も指摘できようが、以下五つの不規則性が最も重要に思われるので、ここではそれらを簡潔にのみ検討したい。

最初に、国際（*international*）関係研究という用語は、国民（nations）間の関係に焦点を当てていることを示唆している。しかし、そうではない。この学問は、第一に国家（states）間の関係に関心を寄せ、国民は社会組織の多くの素因の一つとしてだけ考えられている（Shaw 1994：25 および Shaw 1999）。

二番目に、それと密接に関連して長いこと議論されてきたのは、国内活動と国際活動を分離する型にはまった区別は誤解を招きやすいということである（例えば、Rosenau 1997; Baker 2000 : 366）。今日では、国内政治と国際政治あるいは比較政治と国際政治の間に境界線を維持するのは著しく困難である。グローバリゼーションは、それらの間に区別を強制することを困難にする。国内にさえグローバルな経済的行為者が存在する。ロシアにはグローバルな犯罪諸集団が在住し、あるいは発展途上諸国には国際通貨基金／世界銀行による構造調整プログラムが持ち込まれるなど、グローバルとナショナルの相互浸透の多種多様な形態の存在が次第に明らかになってきた。

したがって、三番目の不満は、国家中心主義の固執性に対する反対に表われている。この視点から見ると、リアリストまたはネオ・リアリストのレンズを通してみる研究の目標とグローバリストの多極中心、またはマルチ・レヴェルの国際秩序のヴィジョンとの間の不規則性から生じる研究対象の存在論的移行の問題が明らかになる。新しい存在論の優先事項は、後述するように、一連の連結したプロセスで成立している。その優先事項に向けて、グローバリゼーションの研究者たちは縫い目のない織物のなかで経済、政治、文化や社会が相互に関連する枠組みを設計しようと試みている。よって、大方、グローバリゼーションに対する一つの応答として、幾人かの研究者たちは構造と行為者のより広範な存在を組み入れる試みのなかで、彼らの注意をグローバル・ガヴァナンスへと向けている。国家は数多くの行為者のなかの一つとして扱われる。これは国家主権に意味がなくなったということではなく、マルチ・レヴェルの環境のなかで運営するもの、つまり国家概念の意味が変容しているということである。

方法論的には、国際関係研究の分野は、国家中心のナショナリズム、国家の境界性および国家主権のような中心的諸概念に反映されている領域性を仮定している。しかし、新しいテクノロジーの発達、特にコミュニケーションと輸送機関、「ネットワーク社会」あるいは「非領域的地域」(Ruggie 1993) の出現などで、国際関係研究におけるより脱領域的世界に向けた移行が著しい。したがって、ショルテは「方法論的領域主義」、つまり質問の公式化やデータ収集、そしてすべて領域の枠組みの見地から結論を導くことといった根深い慣習に対して挑戦している (1999：17および2000)。彼は、領域性の重要性を完全に拒絶して「グローバリストの方法論」を採ろうとする極端な正反対へ転向することではなく、「全面的な方法論的再志向」を呼びかけ、そして、「グローバリゼーションが一つのパラダイムを保証していることは議論の余地はない」(1999：21–2) と結論づけている。

四番目はポスト・モダニストの不満であるが、われわれの分野ではそれほど公認されていないようだ。[3] エドワード・サイード (1979) がオリエンタリズムについて議論したように、現実のある表象を拭い去り消すことは難しい。なぜならば、フーコーの用語では、そのような表象は、権威的表現のアウラを醸しだし権力の行使に関与しているからだといわれる。よって、知識のセットは閉ざされたシステムとして運営され、スティーヴン・カントン (Steven Canton 1999：8) が「自己表示の終わりなき循環」と言ったように、正常とされる知に挑戦する力を持つ可能性のある対抗表象を挫折させるからだ。国際関係研究の学者としてわれわれは、多分、集団的自己指示的な仕事の主張をじっくり検討すべきだろう。なぜならば、われわれはときおり、現象そのものに対して十分に注意を向けないで、部内者同士で諸概念についての論争に膨大な時間を費やしているからだ。依然として、知識の目録を作り出す諸表象権力の確立、維持および行使に連結しているというサイードの洞察を看過することは誤っている。国際関係研究においてサイードの要点である再帰性について探ることは、説明のレヴェルを国家の上と下に移すことを必然的に含んでいる。これが、グローバリゼーション研究の一つの特徴である。

グローバリゼーション研究の諸特徴

グローバリゼーションの理論家たちは、もちろん一つの主張には収まってはいない。彼らの著述に現われている限りでは、異なる解釈や重要な論議が見られる。ドナルド・プチャラ（Donald Puchala）が適切に指摘したように、「型にはまった理論はすべて、何が説明されるべきかまとめた結果の一覧表を有している（2001）」と。たとえば、リアリストの諸帰結の一覧表は、主に戦争、同盟関係、力の均衡や軍拡競争である。リベラルにとってのそれは、レジーム、統合、協調およびヘゲモンである（Puchala 2001）。それとは対照的に、グローバリゼーションの理論家たちがダイナミックで制限のない、しかも一定でない説明を追及する未解決の問題は、台頭する一連の中心的、かつ連結された諸提案に見ることができる。そこで、その六つを強調したい。

1　現代の問題の多くは、国際関係研究のように国民国家の相互行為として説明することはできないのであり、グローバルな諸問題として捉えなければならない。この主張はグローバリゼーション研究に特有のものではないが、問題になるのは、たとえば、組織犯罪、地球温暖化や伝染病の蔓延など一連の諸問題の台頭であり、これらは部分的には国内問題で国家が対処しているが、他方、部分的に国境を越えた問題であり国家の規制の枠組みを超えたものである。

2　グローバリゼーションは、世界秩序における一つの構造的変化を構成している。そうであれば、それは「いま・ここ」についてのみならず、また時間的に長期の視点を要し、空間の研究を復活することになる。フェルナン・ブローデル（Fernand Braudel 1980 : 3, 27）、そして彼の前にはフランソワ・シミアン（Francois Simiand）が「出来事の歴史」と呼んだ即時期間への関心は、ブローデルの「長期持続」とは異なる枠組みに注意を向けるものである。後者は、グローバル経済の空間的再組織化を見るために有益であると幾人かの研究者たちが考える一つの観察点である（このテーマは第4章の「批判的グローバリゼーション研究」で扱う）。

3　グローバリゼーションは、一つの変化として歴史の連続性と不連続性に関係している。言い換えると、グローバリゼーションへの傾向は、けっして全体的な断絶を意味しない。指摘したように、どれほど新しいのかについてはかなりの不一致があるが、現代期は金融市場の統合、技術的発展や異文化的接触などのグローバル化のプロセスが巨大なスケールで加速化している点が強調される。

4　新しい存在論の優先事項を巡る主張は、当然のことである。なぜならば、国家上位と国家下位の諸力の間の弁証法、つまり上からと下からの圧力が現われてきたからである。グローバリゼーションの存在論の出現は、流動的であり、けっして固定的ではない。それは、それ自体がアクターとしてのグローバル経済（たとえば、多国籍企業に組織化している）、国家群と国家間組織、（マクロ、サブ、ミクロ・レヴェルにおける）地域化のプロセス、世界都市群、およびときおり社会運動として顕在化する市民社会などを含んでいる。

5　移行するパラメーターを所与として、国家は、その為、発展するグローバルな構造に対して適合しようとする。しかしながら国家は、グローバル化の諸力に相対しさまざまな立場をとり、たとえば、ニュージーランドが一九八四年から一九九九年に採択した極端なネオリベラル政策から一九九八年のマレーシアの資本コントロールが例証する抵抗に至るまで、それぞれ異なる対応をしてきた。

6　そのような対応の違いを補強しているのが世界秩序における一組の新しい、あるいは深い緊張、特に領域性の原則（国家主権概念の基本）と脱領域化の明白な傾向（それだけではないが、特に経済の越境的フロー）の間の分裂である。世界経済において形成された横断的連結と国家政治の垂直的次元は社会組織の二つの異なるベクトルであり、後者は変化するグローバルなマトリックスに協調しようと努める。

以上、概略的に提示したが、前述の相互に関係ある諸提案は、国際関係研究において深くしみ込んだ世界を概念化する方法のいくつかに問題を提起することになる。現在において再概念化の試みは、公式化の予備的段階であるので、その罠や混同を確認することは価値あることだろう。

見せかけのパラダイムに対する不快感

グローバリゼーションの概念と現象を多くの学者がいうような、部分的で、変更可能であり、複合的なものというよりむしろ、全体化するものであり、不可避であり、同質化であるとする風刺を除けば、確かに不満には根拠がある。一つの理由は、グローバリゼーションは掴み所のない概念に見えるからかもしれない。よって、本章のはじめに、学者たちによる、さらなる分析的精密性を声高に要求する苦情を列挙しておいた（たとえば、A. T. Kearney, Inc. 2003）。

さらに、グローバリゼーションの著述はときおり決定主義に偏りすぎている。つまり抽象的で構造的であり、行為者の主体性に十分注意を向けていないということである。この観点からすれば、グローバリゼーションの論理は、機械的に特定されるか、でなければ、あまりにも還元的すぎて不特定であるとされる。特に、ある特定の問題や特殊な領域に対する文脈化した、きめの細かい研究を行なっている幾人かの学者にとっては、グローバリゼーションはあまりにも鈍い分析道具に映る。結局のところ、グローバリゼーションは何の余地を残しているのか？　グローバリゼーションでないものは、何であるのか？　それに答えようとすれば、グローバリゼーションは、他のプロセスや国家群を含めた行為者たちによって媒介されていると主張できるだろう。さらに、グローバリゼーションは、直接あるいは間接に社会組織のさまざまなレヴェルに影響を及ぼし、そして、ローカルな領域に連結していくのであり、したがって、グローバルとローカルの区別を困難にする。

もう一つの問題といえば、グローバリゼーションの著述にそれ独自の二項対立を生んでしまったことである。一方では、指摘したように、グローバリゼーション現象は、国際関係研究が慣れ親しんできた二分的区別を曖昧にしている。たとえば、市民社会は今日では、フィリピン政府で重要な大臣職を担当する環境保全運動のメンバーたちやいくつかのアフリカ諸国では国家の代役を務める事例から明白であるように、また、いくつかの非政府組織（NGO）と呼ばれる団体は政府資金で持続し、あるいは、彼らのアジェンダは国家、または政府間組織によって策定されるなど、国家に奥深く入り込んでいる。他方、グローバリゼーション研究自体は、上からと下からのグローバリゼーション、トップ・ダウンとボトム・アップなどなど新しい二者択一を提示している。それは確かに特性を探り出すのに価値があるとはいえ、実証的現象の範囲を捉えるためには、それらをまず分解すべきである。

われわれはどこまできたのか？

ここで、たとえ新しいパラダイムの性質が試験的で論争的な域から出ていないとしても、本当の利益を伴う探求手段としてのグローバリゼーションに対する障害の討議に参加しないことは、怠慢なことであろう。

グローバリゼーション研究は、主としてすべての社会現象の歴史的事実を強調する。つまり、われわれは、史実から逃れることはできない。何がグローバリゼーションを引き起こす諸力であり、そして、その起源はいつなのか？　それは間文化的な接触の始めなのか。長い十六世紀における西ヨーロッパの資本主義の夜明けか。あるいは第二次世界大戦後の明確な危急の事態のなかで起こったのだろうか？　このようにして、グローバリゼーション研究は、検証のための新しい問いと論議の門戸を開いたのである。そして、たとえわれわれが国家論のように古い諸問題に戻るとしても、マーガレット・サッチャーが公に「甘やかし国家」と罵倒したように、反対の見解や当惑させられる問いかけも存在する。前述の1章の議論を通して、国家は退場した（Strange 1996）と解釈すべきか、グローバリゼーションの一つの主体（Cox, R.W. 1987）なのか、あるいはもっと活動的な役割としてのグローバリゼーションの運転者なのか（Panitch 1996; あるいは別の視点ではWeiss 1998を参照）？　それらを共に考慮すれば、これらの問題に対する論述は、知識の分裂に対する戦いといえよう。驚くまでもなく、グローバリゼーションが包含するテーマ、たとえば、テクノロジー、エコロジー、映画、健康、ファースト・フード、他の消費グッズなどをはじめとして、グローバリゼーションは、社会諸科学のみならず自然科学や人文科学や建築学、そして法律や医学のようなプロフェッショナルな分野を巻き込むトランス・ディシプリンな学問である。

社会諸科学において、経済学者や政治地理学者（Dicken 2003を含む；Harvey 1999; Knox and

Agnew1998; Olds 2001; Taylor 1993; Taylor, Johnson, and Watts 1995; Thrift 1996）は、グローバリゼーションに対するいくつかの最も洗練された業績を残しているといえるだろう。たとえ空間的関心の重要性が次第に明らかになっているとはいえ、多くの国際研究の専門家たちは、経済学者や政治地理学者たちの仕事に気が付いていない。

　グローバリゼーションについて教える目的のため、学生たちを、結局、彼らにとって大きく、抽象的な構造について考えることを必要とする題目へ引き付ける一つの方法は、学生たち自身の現場での変化に関連する空間的な諸問題に焦点を合わせることである。筆者の学生たちには、別のアジア諸国のマクドナルドのレストランにおける人類学的フィールドワーク（Watson 1997）から成る小論文集を読み、その文献で発見したものと自分たち近辺のマクドナルドの従業員と消費者たちのインタビューを含めたフィールドワークの結果の比較を行ない、筆者の学生たちには、それをもとにグローバリゼーションの文化政治的エコノミー（生産システム、大勢は地元在住の移民と少数民族集団のメンバーで構成する労働者たち、社会的テクノロジー、およびシンボルで伝達する諸表象）の分析をするよう要請した。学生たちは社会科学者たち（Ritzer 2000）のみならず建築家たちの著作、たとえば、ショッピング・モール、テーマ・パーク（Sorkin 1992）についてのものや地元の場所を訪問することで、グローバリゼーションの間主観的次元、つまり意味の問題を追い求める。

　また、時間が許す限り、法律や医療の分野も考慮した。サイバー・ギャングや新手の犯罪は、現行の国家司法や国際法には適合しない（たとえば、Sassen 1998を参照）。公的な保健機関は、特にエイズの蔓延に対して社会と医療の関連機関に注意を呼びかけた。変容する労働と権力のグローバルな分割の確実な帰結は、移動の新しい流れと方向、家族の分離、孤児出産および帰郷労働者たちによる農村地域へのエイズ・ウイルスの移入などを含んでいる。これらの論題が示唆するように、グローバリゼーション研究は沈黙の正体を明らかにし、新しい知的空間を確立する。これは、優勢なパラダイムを評価する一つの基準であることは確かだろう。

課題を探求する

パラダイムとしてのグローバリゼーションは、重要な革新にもかかわらず、洗練された枠組み、世界観、分析道具と方法の一式や問題解決の方式というよりも、ひとつの可能性である。では、われわれはここからどこへ行くのだろうか？　もちろん、これらが唯一の問題ではないが、次に検討する諸挑戦は、グローバリゼーション研究の発展にとって中心的な事柄として突出している。

1　資本主義において異なる形態を確認できるのとちょうど同じように、グローバリゼーションには単一、統一の形態は存在しない。研究者たちは、グローバリゼーションの異なる形態をまだ本当には描ききっておらず、文献を読むと「ネオ・リベラル」、「脱埋め込み」、「中心化」、「イスラム的」、「内側と外側」または「民主的」などの形容詞による指定が先立っている。これら形容詞のラベルはバラエティーに富んだ体系的な研究の必要性を示唆するものに過ぎない。

あるいは、研究の対象は、複数のグローバリゼーションを示唆しているのであろうか？[4]

2　それと密接に関連している問題は、グローバリゼーションのジャンルをいかに描くのか、主導的な学派は何であるか？この膨大な文献を体系づけるために、いかに分類し、研究を進めるのか？、といったものである。グローバリゼーション研究を学問の国民的伝統に従わせ、学問の視点、あるいはシングル・イシューなどによって列挙することは、部分を全体と思い違いするリスクを伴う。その罠を避けるために、モーロ・ギィレン（Mouro Guillen 2001）は、増大するグローバリゼーション研究をいくつかの主要な議論に体系づけることで混雑を避けようとする。グローバリゼーションは本当に起こっているのか？それは国民国家の権威を弱めているのか？グローバリティはモダニティとは異なるのか？グローバル・カルチャーは生成しているのか？もう一つの現状評価として、デーヴィッド・ヘルドら（1999）は、グローバリゼーションの諸学派を(1)世界市場の成長は国家の役割を縮小すると信じる「ハイパー・グローバリスト」、(2)国際的な相互行為は新しいことではなく、国家は国際的な経済の流れを規制する権力を有すると主張する「懐疑論者」、そして、(3)グローバルな権力関係の新しいパターンと先例のない形態が現出していると主張する「変容論者」に分類している。だが、他の議論も存在する。たとえば、政策研究のなかでの主要な差異（Rodrik 1997）、構造的アプローチ（Falk 1999）、および批判的ポスト・構造主義的評価（Hardt and Negri 2000）などがそれである。

3　グローバリゼーションは、学問分野および国家横断的研究に何を意味しているのか？これらの知の領域は、グローバリゼーションの挑戦にいかに対応すべきなのか？ 多様なリージョンにおけるグローバルな構造とローカルの条件の展開の特有の組み合わせの観点から見れば、グローバリゼーションは比較研究の方法の重要性を弱めるのではなく高めるだろう。とはいえ、変化するパラメーターのなかでの学問的で比較可能なテーマを探求したり、それらのパラメーターとローカリティの間の相互行為を検証する問題も存在する。

4

同じように、グローバリゼーションは、開発や地域研究に何を意味するのだろう。フィリップ・マクマイケル（2004：152）は「グローバリゼーションのプロジェクトは開発プロジェクトを継承した」と考える。確かに、開発理論は、ある特定の歴史的時期への応答として現われた。つまり、冷戦の始まりは、何かといえば、世界問題の一つの秩序原則に関する争いであった。冷戦構造の急速な崩壊後、開発研究は概念的袋小路に陥った。より慎重にいえば、開発研究の基本的な教義、特に経済成長のダイナミクスの適切性（apropos）および最貧諸国における政治権力のメカニズム（最初からわずかとはいえ、彼らが維持していたコントロール度が根本的に侵食された）に関して再考することは価値あることだろう。この政治権力の損失は資金提供機関内部で変化する優先順位および再編成に伴ない生じたのであり、この点は、次世代の学者たちを養成するための援助、特に学術論文のためのフィールドワークにとっては決定的に考慮すべき点である。幾人かのパラダイム維持の地域研究専門家たちは、彼らの領域における通常の知識と立場を守るために闘ってきたけれども、真の課題は通常の知識を再発明することであり、それによって地域研究を強化することにある。

5　グローバリゼーションの倫理については、学問的に十分に注意を払ってこなかった。効果的な問いは、何の、そして誰の諸価値がグローバリゼーションに刻まれているのか、というものである。グローバリゼーションの不公正を鑑みて、周縁化の広範な部分（それは空間的な意味だけではなく、人種、民族、性差および誰がネットワーク化され、誰がされていないかも含む）と共に、グローバリゼーションは倫理的見地からいって持続可能なのかという、もう一つの吟味すべき問いがある。異なる宗教運動が問いかける問題、つまり、精神性とグローバリゼーションの関係は何であるのか？　現代のどのウェーバー学者が一歩踏み込んで、『ネオ・リベラルの倫理とグローバリゼーションの精神』について執筆するだろうか？

6　グローバリゼーション研究はほとんど西洋から広まってきているが、これでは真のグローバル研究とはいえない。グローバリゼーション研究に参画している研究者たちや研究の焦点から考え指摘できることは、研究を脱中心化する必要があるということである。英語で読めないグローバリゼーション研究の文献は、英語圏ではほとんど取り上げられていない（たとえば、Ferrer 1997; Gomez 2000; Kaneko 1999; Norani and Nandal 2000; Podesta *et al.* 2000）。発展途上国世界でこれまででてきた英語で入手できるわずかな研究は、たとえば、経済・社会開発評議会（アフリカ）、シンガポール国立大学（Olds *et al.* 1999）、ラテン・アメリカ社会科学評議会（Seoane and Taddei 2001）およびマレーシア国立大学付属のマレーシアおよび国際研究研究所

(Mittelman and Norani 2001) によるものくらいである。

7 個別の題目の開発は別として、高等教育機関に対する、グローバリゼーションのプログラム的な意義について体系的な思想も存在しない。グローバルな再構造化は、学生のために知識を系統だてる方法の学術的な再構造化を保証しないのだろうか？ もし新しいパラダイムが現われているとしたら、それは教授法やカリキュラムにどんな意味をもたらすのだろうか？[5] 大学や国際研究の専門家たちは、世界秩序の変化の最前線にいるのか、それともその背後で引きずられるのだろうか？ それらはグローバリゼーション研究による革新に対して、真に開かれていくだろうか？

ここで要約すると、スーザン・ストレンジが国際関係研究は開かれた放牧場のようなもので多くの異なるタイプの研究の本拠地だ、と一度ならず言った事を思い起こす必要がある。今日では多様性は存在するが、はぐれた家畜を抑制するフェンスがあることを見落としてはいけない。非西洋の言説で仕事をしている異端者、経済・政治地理学者、ポスト・モダニストおよびポスト・構造主義者たちは、旧来の人文学者は言うまでもなく（Alker 1996；Puchala 2000 など）、本当の障害にぶつかったのである。

この文脈のなかで、グローバリゼーション研究は世界が再構造化されるやり方の複雑性および可変性を説明する一つの手段として出現したのであり、その延長で社会科学者が用いてそれらの現象を分析する諸カテゴリーを再帰的に評価する。程度の差こそあれ、パラダイム維持者たちは、知識のセットとしてのグローバリゼーションを認めようとしない。なぜならば、その中核的ないくつかの説は、クーンが「通常科学」と呼んだ支配的な存在論、方法論および認識論への関与に対して挑むものである。繰り返し言うと、立場を二分することなく対極の立場を見ると、パラダイム創造者たちは、どの程度新しいパラダイムが優位に立ってきているかについての強いテーゼを提出する。この議論は、理論的評価に従事し、重要な問題の領域を突き止め、そして研究の可能な道を示すなど、有益である。この議論は、また、研究空間の範囲を定め、そして知的活動の現場を発見することに役立つ。しかし、短期的には、支配的なパラダイムをすぐにでも一掃するという、差し迫った転覆を意味するクーン的危機が現われているわけではない。グローバリゼーションについての体系的な研究が始まってからまだ十年余であることを鑑みれば、国際関係研究は、現在古いものと新しいものの間の空白期間に入ったといえよう。

グローバリゼーション研究は、構造的変化を理論化するという大胆な努力の集積を含んでいるけれども、その達成を過小評価したり誇張したりすることは誤りである。議論の論点を評価するとすれば、結局のところ、控えめな主張が妥当であろう。グローバリゼーションを理論化する努力は、継ぎはぎ細工を生み出した。つまり、それは知的変動ではなく運動であり、国際関係研究において思考するための受け入れられた方法に対して、決着のついたオルターナティヴというよりも一つの可能性を示している。結論として、この巣立ちの状態は、一つのパラダイムの原型と見なされるだろう。

この段階では、異なるパラダイム的傾向が見られる。オルター・グローバリゼーションの傘下の知識セットは、他のセットと適切に区別できると示唆することは過度の単純化と見なされるかもしれない。だがグローバリゼーション研究とオルター・グローバリゼーションの間に分岐点はないとしても、オルター・グローバリゼーションを構成する知識は批判理論に根ざしており、その核心は容易に確認できる。

第4章　批判的グローバリゼーション研究

増大するグローバリゼーション研究においては、異なる性質の知識は重複し、史的、実証的、形式的、直観的、理論的、そして批判的知識のセットのように多様に表現される。(1) 抽象化のレベルは、理論的および緊急に組織された研究の双方に余地を持って基礎的なものから応用的なものまで広がっている。すべてのレヴェルにおいて、理論と実践の間には二分的分離はない。専門家と素人の理論家の両者とも、瞑想的生活を好む知識人および学者・活動家も同様に、グローバリゼーション研究に重大な貢献をしてきた。

ここで取り上げる知識のジャンル、つまり「批判的」グローバリゼーション研究のなかで、学者たちはある特定の世界観に執着してはいない。批判的概念はいかに理解されるべきか、また何が批判を特徴づけるのかについては、普遍的一致はない。

驚くまでもなく、異なる背景と利害を有する批判的思想家たちは、さまざまな点を強調してきた。これらにはまた、グローバリゼーションと特定のテーマの連関も存在する。たとえば、都市

(Sassen 2001)、階級構造(Overbeek 2001; Abdul Rahman Embong 2002; Sklair 2002)、文化(Robertson 1992; Friedman, J. 1994; Tomlinson 1999; Nederveen Pieterse 2004)、開発(McMichael 2004; Benería, 2003)、環境(Wapner 2002)、倫理的生活および宗教(Held 1995; Falk 1999)、性差(ジェンダー)(Tickner 2001; Peterson 2003)、ガヴァナンス(Rosenau 1997; Hettne and Odén 2002)、ヘゲモニー(Arrighi and Silver 1999; Hardt and Negri 2000)、人権(Cheru 2002)、イデオロギー(Rupert 2000; Steger 2002)、市場(Dicken 2003; Peck and Yeung 2003)、リージョン(Olds et al. 1999; Zeleza 2003)、リージョナリズム(Hettne 2002b; Väyrynen 2003)、抵抗(Gills 2000; Broad 2002; Smith and Johnson 2002; Amoore 近刊)、国家(Panitch 1996; Robinson 2001)および戦争と平和(Kaldor 1999)などである。加えて、批判的グローバリゼーション研究は、読者を引き付ける洞察に満ちた教科書(Scholte 2000; Steger 2003a)および講読用の見本集(Robertson and White 2003; Held and McGrew 2003)などを提供している。また、学界の外の著名な知識人たちは、批判的グローバリゼーション研究の構成要素を成し、部分的には参与観察に基づく重大な声明を提示してきた(Barlow and Clarke 2001; Bello 2002; Bové and Dufour 2000; Danaher 2001; Klein 2002; Wallach and Sforza 2000)[2]。

ここでは個々人の著作を詳述したり、あるいは批判的グローバリゼーション理論の支流をたどることはせず、彼らの間に見られる広い共通性を確認することにしたい。批判的観点からの最も重要な問いは、グローバリゼーションについて正確にはどのような種類の知識が求められているのか、また求められるべきなのか、ということである。批判的グローバリゼーションの研究者たちは、実際、何を見出そうとするのか？　望まれる知識とは何であるのか？　本章は、少なくとも予備的に、それらが導く質問に答える一つの試みである。

批判的観点

批判的側面において、学者たちは、経験論の実証主義的信念（事実と価値の区別、変数の分離可能性および客観的「真実」を発見する手段としての仮説検定など）に対してしつこく問いを投げかける。つまり彼らは、事実はどのように構成され、そして誰の利害に奉仕しているかについて検証する。実証主義的知識との綱引きにおいて、批判的概念は必ずしも反対を意味しない。特にポスト・モダン的な感性に注意をはらう学者や活動家たちは、数多くの支配的および特殊な立場に余地を残す諸条件の多様性を追求する。批判的観点は、型にはまった領野と異端の領野双方の要素を持つことができるが、それらを混同することなく、いかに形成されるか意識している。

批判的アプローチは少なくとも、知識の追求に対しては疑い深く、困難で、そして制限を設けないものである。それは、個人を社会諸集団との特定の関係に置く歴史的プロセスの産物であり、グラムシ（1971）が「常識」の提案と呼んだものの再構成を求める。グラムシにとって常識的意味は、多様で変化に富み、そして階層間では断片化している。これらのカオス的諸概念は、民間伝承の沈殿物を吸収しながら相互に矛盾しており、首尾一貫した全体を形成していない。常識のある要素はヘゲモニー的安定と調和しているが、ほかはそれと対立している。批判的知識人たちは、その緊張関係をはっきりさせ、そこから影響力を獲得し、マス・メディアによって確立され、文化財に編入され、そして架空の領域（たとえば、映画、テレビ、雑誌など）においてはっきりと表れる意味に対抗する。それらの産物は、自由に思考する能力を減少させることができ、諸個人を競争的でグローバル化する市場関係の言葉の影響を受けやすくしてしまう。グラムシにとって、批判的思考とは、単に反対するのではなく、住民自身の条件に関する住民の理解の部分を構成しながら、新しい常識を提起することである。

批判的学問は、有意味な知識の範囲を定めるために、通常の知識を単に暴く以上の事をすることになる。批判的志向は、現存の知識や実践の脱構築を促がすのみならず、変容した権力関係を基盤として何が存在し、存在すべきかについての新しい知識をも構築するのである。

予備概念

国際関係研究は、この文脈において、グローバリゼーションの言説を理解する妨げになると考えられる。前に指摘したように、主要なアクターは国家や国民だけではない。9・11テロが悲劇的に例証するように、現出する相互作用はいまや、国家中心世界と多中心世界の間で起こっている（Ferguson and Rosenau 2003）。

しかし、二つの世界に分岐点は存在しない。国家中心のシステムは、世界秩序の多中心の形態のように、国家の多様な形態、ガヴァナンスの非国家的形態および社会連帯の異なる源泉などを含んでいる。国家中心的世界が多中心的世界の内で活動的に存在しているのとちょうど同じように、多中心的世界は国家中心的世界の隙間で運営されている。それらの二つの世界の間に完全な裂け目がない限り、われわれは、多形態的世界、つまり多くの形態が相互に行き交いする秩序について語ることができよう。確かに、常識的な知は、多種多様な世界の相互浸透を十分に把握することはできないだろう。それはおそらくその複雑性ゆえに、また、ポストモダニストが付け加えるであろうように、一つの支配形態を描くことの不可能性によるからである。われわれがこれまで見てきたように、グローバリゼーションは、分析の諸カテゴリーを複雑にしつつ、市場のダイナミクス、権力関係、および境界線を横切る社会的諸力などの相互作用をとらえられない伝統的な説明の範囲を越えてしまっている。

知識の再構築において、「立場認識論」を喚起することは有用だろう。ここでの主要な論題は、知識はアクターの物質的生活のなかに位置づけられなければならない点である。そして、ある立場に到達する際には、アクターの社会的位置は決定的なものとなる。なぜならば、ウェーバーが強調したように、一つの観点は決して完全なものではなく、常に部分的なのである（Weber 1949, 1971; Harding 1991; Hekman 1997）。現代のフェミニストたちが、知識を追求する際の異なる立場の必要性についてのこのテーマを精緻化する以前から、ブローデル（1990）は現象を多様な観察点、つまり社会的ヒエラルヒーにおける異なる地位、人間関係を秩序づける多様な軸、グローバルな政治経済における多様な地帯および時間の独特なスピードなどから見る重要性について取り組んだのである。彼は、フランスの中等学校のシラバスとして立案し支配階層に拒絶された文明についての先見的著作を含む彼自身の研究のなかで、「長期持続」(*longue durée*)、つまり起源および漸進的で緩慢な動きの変容の長期的視野などを好んで取り入れた(第3章)。長期的観点は忍耐を要するとはいえ、他の時間の枠と両立しないということは決してないのであり、ブローデルはそれを一〇年、二〇年、あるいは五〇年でさえ接合の期間または出来事の即時期間と呼んだ(Braudel 1980, 1994)。立場認識論とブローデル流の相互作用を合わせると、われわれの課題は、多数の時間の枠組の内に多数の志向を把握することになる。

権力関係のヒエラルヒー、時間そして空間の次元を認識して知識の再構築に乗り出す知識人たちは、根拠あるユートピアを構築するという困難な挑戦に向き合っている。私は「根拠あるユートピア」という言葉を用いて、これまで存在しなかった一つの想像上のオルターナティヴとしての意味を付与している。それは、実際の歴史的傾向と実際に具体化した実践とに根付いた一つの未来、あるいは複数の未来を指している。ウェーバーの意味するところでは、「何が存在すべきかの模範的なもの」を成し遂げる挑戦である(1949 : 91–2 : 富永祐治・立野保司訳・折原浩補訳、一一七頁)。グローバリゼーションの批評家たちは、「である」と「すべき」に関して実証主義的に分離することなく、グラムシとウェーバーの見解を調停すること、つまり常識は再構成され、望まれる秩序の倫理を実行に移す試みのなかで、その歴史的矛盾および潜在能力は引き出され、根拠のあるユートピアへ向けて有用に働きかけることができる。

グラムシは、科学主義やユートピア的マルクス主義の破滅的な傾向に例証される価値自由や非歴史的知識を否認した。同じように、ウェーバーは、理念型とは方法論的構成物であり実現されるべき目標ではないと強調する一方、ユートピア主義は権威とヒエラルヒー的な社会関係のもつ強制的な要素、たとえば、資本主義が機能するなかでますます官僚的になる組織を消し去ろうとする力を過小評価しているとして、それを警戒したのである（1971：229）。グラムシとウェーバー双方にとって、歴史は構造的諸力によって動かされると同時に、新しい秩序は、ある運命や閉ざされた行動計画に拘束されるのではなく、継続的に制限なく自由に展開するのである。また、グラムシとウェーバーは、多少異なるとはいえ、ユートピアへ向けて上昇するためには権威およびヒエラルヒー的諸制度の役割は重要であると考えた。

この知的遺産に留意しつつ、他の理論家たちはユートピアの観念を押し進めた。ちょうどポランニーが自己規制的な市場（「不毛なユートピア」）は非歴史的であると批判し、人間の自由を増大する手段として市場を再び社会に埋め込むシナリオを好んで考案したように、ときおりリアリズムの父とみなされたE・H・カー（1964; 解説は次を参照、Cox, M. 2000 and Hettne 2002a）は、ユートピア的思考は利害を覆い隠すものだと主張した。そして、彼は、究極的には権力関係の承認と平和に向けたユートピア的アプローチの間の均衡を支持する方に回ったのである。

力の要素を除去して何が正しいか何が理のあることかについての共通感覚に、平和的変革の交渉過程を基礎づけようとする願望を、正しい意味におけるユートピア的なもの（すなわち、全面的には達成され得ないが、目標とされるべき理想を宣言することでユートピア本来の機能を遂行している）と説明することもできる。(Carr 1964: 222; 井上茂訳、三九九頁)

別の言い方をすれば、平和的な変革は、ユートピア的発想と批判的リアリストの分析の双方を必要とする。これらの思想家たちのしばしば異なる観点のなかに共通の基盤を見出すとすれば、根拠あるユートピアは、もしそれが歴史のなかに錨を降ろしたものなら価値ある発見的方法の一つでありうるし、物質的権力の利害に対しては用心深く、そして、社会正義の達成可能な方法に対して調和する、といえよう。

これらの理論家たちにとってみれば、われわれが直面している目にみえる諸問題の下に生活の隠れた諸側面が横たわっているのだ。それはなぜなのか？ 権力の代理人たちは多分、それを隠したいのだ。たとえば、支配的な連合が戦争をするとき、ある理由を明らかにするだろうが、他の理由は未公開のままである。また、たとえば、自己利害、虐殺、民族的敵意、性別を反映した権力構造や失踪などの諸問題を語ることは、心地よくないからだろう。確かなことは、南アジアで起こっているような、現代のいくつかの衝突は、部分的には文化的威厳に関わる歴史的記憶についてであり、今日の中東におけるほかの衝突は、多分、部分的には屈辱に関するものである。いくつかのケースは「真実和解委員会」によって明らかになるけれども、これらの経験について率直に語ることは難しいかもしれないのだ。

たとえ古典的理論家たちが現代のグローバリゼーションの諸問題に対して計画に従った答えを持っていると期待しないにしても、何かがひどく悪いという彼らの洞察、マルクスにとっては疎外、ウェーバーにとっては官僚的合理性の鉄の檻、デュルケームにとってのアノミーなどは的を射た答えだった。彼らの批判的思考、つまり今日の悩ましい世界を知るための先駆的理論は、ヨーロッパにおける混乱を背景に出現した。マルクスの観点からは、一八四八年革命、ウェーバーの観点からは、ドイツのビスマルクの時代から産業化の時代への移行に伴う社会的衝突、そしてデュルケームの観点からは、フランスの第三共和制からの移行期に伴う混乱と近代的社会秩序へ向けた長い革命などであった。これらの省察は、一般市民に大混乱をもたらしたことも含む、歴史的変容の暗い側面に光を当てていたのである（Lemert 1993: 9, 15）。十九世紀と二十世紀初頭の批判理論の巨匠たちは、当時の常識的な主張に対しては疑い深く、容認された学問的知識に対しては非常に懐疑的であった。さらに、彼らは、彼らが生きた時代の根本的な諸問題を軽減する可能性をもつオルターナティブな秩序を想像したのである。

罠と混乱

二十一世紀の夜明けはまた、グローバル化する資本主義、新しい戦争および人生の意味を再び追求するなどの社会的混乱に満ちた時期である。さらに、知識を生む手段も変わった。今日、知識の産出は主として孤立した思想家の仕事ではなく、行き交う複数のパラダイム、援助機関、シンクタンク、出版社、雑誌、専門団体、テクノロジー、ネットワークや巨大な研究所などの強力な物質的インフラによって条件づけられている。加えて、知的財産権のように知識の産出を管理するメカニズム、また言説におけるパワーを破壊する取組みも存在している。

そうしたメカニズムが運用する一つの方法は、物語の罠によるものである。一つの危険は、われわれが創造する世界のなかでわれわれ自身が罠にかかってしまうことだ。これらの世界は言語として構成され、その言語による描写は社会現象を表象し、そして諸観念をフィルターで選別して取り入れ、それ以外のものを知識の構造の外に締め出すパラダイムとして機能している(Shotter 1993 : 26–31)。この罠に落ちる危険は、特に大学の教育者たちにとって深刻である。たとえば、学生たちに研究論文を書かせる際に、研究課題を公式化することで学生たちが何を探すのかを事前に決めている。前からもっていた概念のフィルターを使う限り、それは直観的認識を遮断し、とげのある質問を抑えることで新しい批判的知識の発見を妨げるのである。

この罠には、言葉の使用を通じて落ちる可能性が高い。言葉はもちろん、意味を伝える。第1章でわれわれは、「反グローバリゼーション」運動の言葉の象徴的表現形式について考えることから始めた。さらに論を進めて、もしグローバリゼーションに対する抵抗(人々の頭の中および小説、劇、漫画などの文化的表現も含めて)が多様な場に顕在するとしたら、なぜ抵抗を社会「運動」のフィルターにかけなければならないのか? そして、もし抵抗がグローバリゼーション自体の一つの構成要素であれば、それは反グローバリゼーションとして扱うことはできない。抵抗は明らかにグローバルな再構造化に固有のものとして存在し、新しい勝利者たちと多数の敗者たちを生み、その対抗行為のすべてではなく、いくつかが社会運動に合流する。要するに、反グローバリゼーションを、抵抗として概念化することは誤りである。さらにいえば、軍事のグローバリゼーションが台頭している現在、グローバリゼーションに対する抵抗は、グローバリゼーションに抗議するグローバルな正義の運動が用意したネットワークとテクノロジーを使った平和の行進とぴったり適合している。その運動は、前世代の学生反乱およびブラック・パワー運動、アンチ・アパルトヘイト運動、IMF暴動など、黒人と第三世界のフェミニズムおよびサパティスタ支援ネットワークと共に、順番に築き上げられたのである。

軍事のグローバリゼーションに反対して、「テロリズム」という言葉が流行している。この語彙の割り当ては、強者と弱者の立場の違い、そして国家支援のテロリズムから非国家のテロリズムの範囲に沿って異なっている。合衆国においては、アメリカ独立革命期に英国植民地国家を攻撃し多くの人命と財産を奪った反乱者たちのふるまいは、テロリストと非難されるどころか英雄的行為として知られていることを思い起こすことは重要である。南ローデシア（今日のジンバブエ）における反植民地主義の武力闘争の間、白人の少数派体制とその支持者たちはそれを頻繁に「テロリスト戦争」と呼んだものだが、一九八〇年にポスト植民地国家が権力を掌握した後は、暴力の表示が逆転した。またアパルトヘイト時代には、南アフリカの要塞に住む白人やレーガン大統領も同様に、投獄されていたネルソン・マンデラをテロリストと呼んだが、彼はのちノーベル平和賞を受賞した。それらの矛盾を脇に追いやり、言説のパワーを行使しながら、ジョージ・W・ブッシュの言葉細工は、グローバリゼーションに抵抗する要素も含む支配への多様な応答をまとめて片づけてしまうため、テロの比喩を引き合いに出した。

正しくいえば、知的抵抗のよき部分は道徳的な動きである。誰の言葉や声が表象されているのか？ ネオ・リアリストやネオリベラリストの多くは、アフリカ、アジア、中米に起こっていることを、西洋あるいは単にワシントンDCの立場を反映しグローバリゼーションの危機として描写している。たとえば、変容するグローバル資本主義に深い洞察を提供する、年長の学者ロバート・ギルピンのアジアの金融危機に関する情報源は、主としてワシントンを拠点とする「国際経済研究所」のような西洋のそれである。彼の著書であり、アメリカの大学で基本的なテキストとして広く採用されている、『グローバル資本主義』(R. Gilpin 2000)に含まれている「アジアの地域主義」の章には、アジアの学者、特に批判的思想家の仕事はほとんど出てこない。人の移動についての論述部分(R. Gilpin 2000 : 295, 310)では、インタヴューや他の方法論で容易に引き出すことができる移動者たち自身の声は除外されている。多くの影響力のあるなかの一冊であるこの事例でもわかるように、サバルタンは語ることを許されていないようになっている。(3)

では誰の声が代弁されるべきか？ 分析者はこの選択をする際に、自らの省察の規範的諸相を自らの論述に統合することが必要とされる。それを避けて通ることはできない。ここでのジレンマは、変化したり複合的に生起する研究対象に対しては、概念的押しつけをしかねないということである。しかし、誰が代弁者に権限を与えるのか？　解釈者の役割とは何なのか？　このジレンマを逃れる方法はあるのか？

これを克服する最良の方法は、力ある者から力のない者までの範囲に沿った諸観点に立つ観察を行なうことである。またグローバリゼーションの批評家は、自己を監視しなければならない。批評家は聞く耳を持ち、開放的で多様な領域の、それがグローバリゼーション・マトリックスに垂直的であれ横断的であれ、多方面の区域から一連の声を聞く十分な余裕を持っていなければならない。認識論的な課題は、主体的行為者たちの暮らしの条件や良い生活の観念についての自己意識に埋め込まれた信念を引き出すことである。行為者たちが実際苦しんでいるのか、挫折しているのかを発見し、苦痛を引き起こすものか、あるいはそれを説明するものを探求しなければならない。その根拠と妥当な法則を提示する際、グローバリゼーションの批評家は、ただ単に目前に何があるのかを観察するだけでなく、部分的には、常識に反するかもしれない隠れたあるいは表面下の現象についての主張を構築している（Geuss 1981）。

批判的グローバリゼーション研究の構成要素

前述したことがらを基礎に置きながら、批判的グローバリゼーション研究の周到な概念化は、相互に作用する以下の諸要素の複合体を含む。

1　再帰性とは、知識、特定の物質的および政治的条件の関係を自覚することである。再帰的であるということは、歴史的な起源と、観点または理論に埋め込まれたり、あるいはそれを補強する利害を探ることである（Cox, R.W. 1986）。グローバリゼーションの批判的概念化は、このプロセスのセットを構成する一連の変化への鋭い気づきを請け負う。

2　歴史主義は、グローバリゼーション研究に時間の次元を組み入れ（Cox, R. W. 1986）、グローバリゼーションへの非歴史的アプローチを修正する。たとえば、グローバリゼーションは不可避な力であるとする常識的な観点は、それは始めも終りもない永遠の本質であると仮定しているのである。むしろ、グローバリゼーションはある明確な歴史的場所から始まっており、それ独自の社会的権力関係を持っている特有な形態であり、その未来は開かれている。したがって、ただ現代中心の考え方だけとか、あるいはグローバリゼーションをすべての世界史の周期的変化としてまとめてしまうことは誤りである。もしグローバリゼーションが歴史的に構築されているのであれば、批判的グローバリゼーション研究は、厳密な歴史的思考を要する。

3　脱中心化は、必然的にグローバリゼーションに関する発生地と周縁双方からの多種多様な観点を含んでいる。グローバリゼーション研究のほとんどが西洋でなされている限り、他の場所のローカル知は、特有の言説、たとえば、イスラムのグローバリゼーション、および新鮮な問いかけなどを生む可能性がある。実に、グローバリゼーションの俯瞰的見方は、基礎づけを要する。アフリカは確かに、それ自体の特性および偶然性で、グローバリゼーションと周縁化の錯綜した弁証法を観察する有望な視点を提供している。このレンズによって、批評家はグローバリゼーションを外側から内側を見ることができる。

4　社会諸科学と学問の補足的な部門の間を横断することは、グローバリゼーションの批判的理解における鍵である。次の二つのタイプの横断が、最も適切であろう。一つは批判的法律学や批判的地図学のような批判理論の他の要素に対するもの、もう一つは、全体論的に理解された実際の世界問題に対する横断である。たとえば、グローバルなエイズのような流行病や耐えがたい急性の呼吸病（SARS）およびそれらの病気の軽減をはばむ障害に真正面から取り組むためには、学問分野の障壁を壊さねばならない。このアプローチは、医療、社会、文化、経済および政治的研究などの組み合わせを必要とする。同様に、生態上の回復は、社会調査、人文学的研究および自然諸科学を要する。

5　戦略的変容とは、対抗ヘゲモニーを確立することがらである。つまり、いかにしてヘゲモニー的権力に関与しそれを打ち負かすのか、そして、解放的ヴィジョンを提供するのかである。[4]目標は、支配的な倫理観――現在のところでは、ネオリベラリズムに刻まれた効率のエートス、競争、個人主義および消費に代わる新しい道徳的秩序を説き聞かせることである。他の目的のなかでも問題になっているのは、説明責任や自己決定を含む民主的グローバリゼーションである。その手段には対抗勢力を要する（第8章）。結局のところ、変容させる力のある行為は、実践的目的を持っていなければならない。

したがって、既存のグローバリゼーションに対する課題は、批判的知識の上記の構成要素を掘り起こし、それらの互恵的相互作用を検証しながら全体が一貫するようにまとめることである。換言すれば、批判的グローバリゼーション研究を洗練するためには、概念的な諸連結を強化しなければならない。

9・11後の変容する研究課題

9・11テロはどのような基準で計ってもたいへんな出来事であった。しかし、それは幾人かの学者が軽率に宣言した（Gray 2001）ようなグローバリゼーションの終焉の前触れではなかった。むしろ、9・11は、グローバリゼーションを構成するプロセスの一つの再編を印すことになった。目標と利害の手段として理解される、途方もない暴力が前面に立ち現われたのである。グローバリゼーションの政治・軍事的次元は、ときおりグローバリゼーションの主要なルーツと見られていた経済的諸力に対して相対的に優勢になった。

ポスト9・11という時期は、空間の開放と共にグローバル政治の一つの再構成期である。もしわれわれが自由市場民主主義は実質的な民主主義に等しいと考えないならば、この事態は民主的開放とは必ずしもいえない。むしろ、政治的空間は次第に非国家的アクターたち、そのいくつかは大量破壊兵器に潜在的にアクセスできるアル・カイダのようなネットワークに占有されている。越境的ネットワーク、ヘゲモニー的権力や「ならず者国家」に侵犯され、軍事化したグローバリゼーションはわれわれの時代を定義する一つの歴史的影響力となっている。当然の結果として、警察監視の役割強化とヘゲモニー的権力構造に促進されるわれわれ対他者の差別が生じる。

現在、変容している研究の課題は、グローバリゼーションの地政学的側面の説明を追及しながら、それを生物圏と地経学的側面に結合させることである。[5] またそれは、グローバリゼーションを構成する権力の物質的構造をくわしく調査することであろう。それはまた、グローバリゼーションに対する抵抗、たとえば、シアトルの闘争のようなマクロの変異体のみならず、文化圏に現われるミクロな衝突およびマクロとミクロが媒介されるいくつかの仕方をも検証することである（第7章）。

では、批判的研究はどのようにしてなされるのか？ 出発点は現代秩序の起源を考えぬき、そして一つの変化の可能性を開く権力の断層を見抜くことである。今日、最も顕著な断層は、グローバリゼーションと単独主義の間の矛盾である。それは、外的勢力に対する関与と孤立の間を揺れ動くというアメリカ外交政策の歴史的パターンを超えたものである。一方では、合衆国は、グローバリゼーションの主要な受益国である。他方、その政治的権威者たちは、新保守主義の固有の知識人、キリスト教右派および軍事専門家たちのお揃いの理念を押し付けながら、グローバリゼーションの土台を削り取っている。

ブッシュ政権は、二〇〇三年のイラク戦争へ突入するまで、ヨーロッパ同盟諸国に同調せず環境保全のための京都議定書を支持しなかったし、ロシアとのＡＢＭ制限条約の取り消しや、地雷禁止協定に異議を唱えたりした。さらに、ブッシュ・チームは、国際刑事裁判所（ＩＣＣ）の創設に逆らい、移民政策ではメキシコとの協調を拒み、国際貿易ルールに違反して鉄鋼に関税を賦課した。自由貿易のための関税障壁の引下げについて口先だけの返事をしながら米農民に対する補助金を増額したのである。そして発展途上諸国に対しては、貿易ルールを免除して、生命救助のための薬剤コストを削減させることを認めなかった。事実、米国政府は、米国の製薬産業の支持を得て、ヨーロッパ諸国が支持し数百万の人命を救ったであろう世界貿易機関の同意に対して、拒否権を行使した。その間、国連安全保障理事会で米国のイラク政策に対して米国の同盟諸国が拒否権を行使する恐れがあるとき、米国政府はそれを非難し、単独でも行動をとる準備があると表明した。ブッシュ大統領の開戦の決定はまた、ディズニーランド、マクドナルド、コカ・コーラなどの米国の象徴に対する一連の消費者のボイコットを誘発し、反米感情が高まった。

サダム・フセイン拘束のあと、ブッシュ政権は合法性、兵力およびお金を求めるために、米国の単独主義は多国間協調のイニシアティヴを排除するものではないと表明し、国連安全保障理事会へ戻らなければならなかった。米国の単独主義政策に多国間協調主義の要素が含まれている理由は、部分的には、単独主義はアメリカあるいはグローバル資本どちらにとっても利益にならないからである。単独主義は自己中心的であり、短期的な観点を取るのに比べて、資本の大半は外向的で長期の観点を取る。二〇〇三年のイラク戦争を含む単独主義は、自動調整するグローバリゼーションという公言されている理想からの後退である。ネオリベラルの世界経済を維持するためには、多国間、少なくとも、主要諸国の政治協力は必要である。概して趨勢は、一連の貿易戦争および先制政策に基づく軍事戦争、そしてアフガン戦争とイラク戦争に続いて、「レジーム・チェンジ」がグローバリゼーションの次の段階を構成するだろうと示唆している。その意味では、単独的グローバリゼーション、特にそれが軍事化したときは、「単独」と「グローバリゼーション」の言葉の矛盾語法といわなければ、一つの泥沼に陥っているとしか言いようがない。つまり、単独主義と自由市場という二つの新しいグローバリゼーションの道筋は、不釣合いなものである。

　その矛盾を探し出すために、批判的グローバリゼーション研究は、具体化した慣行を探る調査を必要としている。その調査は、学者と活動家たちのネットワークによって実行可能であるだろう。多様な場に基づく研究と比較研究は、多種多様な観点を提供するだろう。リージョン間およびリージョン内での調査は、グローバリゼーションが着陸し、ローカルな諸条件に関連づけられる際の多様な方法を照らし出す。その教示を含む批判的な探求は、新しい常識に到達する一つの手段である。そして、その重点は、今の秩序に対するオルターナティヴな秩序を描写することに置かれるべきである。

望まれる知識

要約すると、グローバリゼーション研究は高度に論争的な領域であり、その絶対的な境界線は存在しない。しかし、この広い境界内において、批判的志向として明確に区別できる領域が、相互に関係する諸特徴のセットによって定義されるようになってきた。つまり、再帰性、歴史主義、脱中心化、社会的探求と他の知識の間の横断、そして変化させる実践などである。

批判的アプローチの利点の一つは、広い範囲の知識を提供することである。組織化した権力の諸制度はグローバリゼーションの重要な中心であるが、非公式かつ相互主観的なプロセスを熟慮することもまた適切である（Cox, R.W. 2002）。

さらに、批判的グローバリゼーション研究は、グローバリゼーションについての他の諸観点からの離脱である。経済偏重主義とは異なり、主体的行為者、ジェンダー、心的枠組み、文化や環境を過小評価しない。リアリズムと異なり、社会的諸力および世界秩序の規範的側面について沈黙はしない。グローバリゼーションに対するネオリベラル・アプローチと異なり、国境横断の流れ、相互依存あるいはテクノロジーの推進などを管理の問題としてではなく、それらを権力関係のヒエラルヒーおよびグローバル・ヘゲモニーと結び付けて焦点を当てるのである。

批判的グローバリゼーション研究を他の関連するアプローチから区別することと、その研究の仕方がわれわれの時代の変化の説明に役立つかということとは別である。批判的グローバリゼーション研究は、古い秩序の諸要素を維持しながら、現行の秩序との連続性と不連続性をつきとめ、そして新しい秩序への移行のかすかな現われを見ることを可能にする一つの空白を指し示す。私は、古い世界秩序を多国間協調のグローバリゼーションと呼び、現代の構造を軍事化したグローバリゼーション、そして潜在的な配置を民主的グローバリゼーションと呼ぶつもりである。これらの三つの傾向は、個別的で相互に排他的なオルターナティヴではない。それらの要素はグローバリゼーションのさまざまな側面と合意と強制のいろいろな組み合わせを体現する矛盾的全体の部分として共存するだろう。最初の二つの傾向は、程度の差こそあれ、アメリカが推進力になっている。他方、三番目は、ヘゲモニー的グローバリゼーションに反対する傾向である。

一九七〇年代から9・11まで、世界秩序は、断続的に野蛮な力が行使されたが、支配階級の間では強制よりも合意の優勢のもとに築かれた。主権国家間の形式的平等というウエストファリア・モデルで築かれ、多国間協調のグローバリゼーションは領土の原則およびグローバル化する資本主義の物質的能力を受け入れた。したがって、国家間のシステムは、特に経済や文化の領域において、脱国家的なプロセスと相互に作用した。国家間自身において途方もない構造的不平等が存在するのみならず、グローバル化する市場は、金持ちと貧しい者の分極化の増進や、ある中東諸国におけるように国家による抑圧の高まりにつながったのである。二〇〇一年の9・11テロの前段階における深刻な諸問題を表象するのが、地球温暖化、オゾンホールおよび生物多様性の損失などを含むグローバルな環境の急速な悪化であった。

9・11後、グローバル・ヘゲモニーの振り子は、合意から強制の側へとゆれ動いた。アジアの金融危機、ロシアの市場改革のショック、アルゼンチン市場の暴落などに続いて、国際経済諸機関に対する信頼は落ち込み、「ワシントン・コンセンサス」は、かつての親グローバリストたち（Soros

2002）や新古典派経済学者自身（Rodrik 1997; Stiglitz 2002のような内部の人）からも鋭い批判に見舞われ、見直しを迫られた。明らかに、合意に乏しい、より強制的な枠組みが優勢になってきた。ワシントンは、支配のより巧妙な形態から次第に軍事力、秘密情報員および警察などに依存するようになった。軍事化したグローバリゼーションは、二つの面で特徴付けられる。一方では、とくにイラクにおける明白な国家間の戦争、他方では、領域国家が、市場の規律力、リージョナル化のプロセスや市民社会（Falk 2003）の高まる圧力などに直面することによるウェストファリア・システムの侵食である。アメリカ主導のグローバリゼーションを普遍化する試みは、マクロとミクロのレベルの抵抗の急増を刺激したのである。

抵抗はオルターナティヴないくつかの未来を提供するが、それらは実行済みというよりは、一つの可能性である。世界は、ときおり相容れない多くの声、異なるヴィジョン、そして具体的な提案で溢れている（Sandbrook 2003）。最も重要なことがらは、新しい規範構造、つまり社会正義と公平についての関心に基づく一つの倫理である。また、資本を規制し社会政策を強化する国家能力を全く減少することなく、ウエストファリア・システムを緩めることである。ポランニーの用語では、民主的グローバリゼーションは、経済を再び社会に埋め込むことになる。そして、グラムシの意味では、それは対抗ヘゲモニーの構築である。つまり、差異に寛容である秩序であり、差異を開かれた参加型のやり方で、調和させるための新しい方法を探し求める。そして、権力の分散を採用するのである。

現在、三つの世界秩序は交わり競合している。そして、それらの異なる論理は、相互に激しく衝突している。変化の原動力は、対抗権力のみならず、オルターナティヴな知識でもある。それはメタ理論でもなければ、行為のためのレシピでもない。むしろ、批判的知識は、競合する諸観念と実行に移すことの双方によって培われる。望まれる知識は、実際的な結果を引き起こす知的道具を提供する。これは知的にこじつけることではなく、解明することであり、人々に権限を与えることであるべきなのである。したがって、批判的グローバリゼーション研究は、文明化した未来を想像し、達成するために使われうるのである。

グローバリゼーションの力を維持あるいは衰えさせる認識の構造を検証したあと、われわれは今や、それらのイデオロギー的表象を考慮する位置にいる。次の5章では、イデオロギー的指導者たちによる公式化の問題に焦点を当てる。6章では、根底において市民社会の成員たちが表現する潜在的イデオロギーに焦点を絞る。7章ではミクロの諸次元、それらは必ずしも常に明白ではなく、少なくとも部分的には公的生活よりも私的領域に関連づけられる態度に焦点を当てることになる。

III　イデオロギー

第5章　イデオロギーとグローバリゼーションの課題

もしイデオロギーが現行の秩序を正当化したり衰えさせる一つの世界観であるならば、現在のグローバリゼーションは、権力の階層と特権に関して異なる諸点から検討されるべきである[1]。権力を掌握し富を所有する人々にとって、グローバリゼーションは世界の恵みのみならず人間の潜在力も拡大するための「自由のイデオロギー」である。権力の階層の末端から見れば、グローバリゼーションは、人類間の分割を拡大する「支配のイデオロギー」として経験される。

程度の差こそあれ、それらの観点は一つの共通な要素を持つ。それは、包摂と排除の力学の承認である。たとえば、世界銀行の総裁、ジェームス・ウォルフェンソンは、グローバリゼーションの中心的観念を再考している多様な観察者たちが共有しているヴィジョンを次のように提示する。すなわち、「われわれの挑戦は、グローバリゼーションを機会と包摂の一つの道具とすることである」(Pfaff 2000 参照)と。しかしながら、グローバリゼーションを支配的なイデオロギーとして維持することと、その対抗イデオロギーを構築することとの間には一つの緊張が存在する。それぞれのイデオロギーの潮流は、未来の世界秩序のための異なる課題（詳細な青写真ではなく幅広いプログラム）を定めている。本章での目的は、それらのイデオロギーの集合体を確定し、それらのグローバリゼーションの多様な課題の範囲を定め、批判的に評価することである。グローバリゼーションの複合的イデオロギーは、変容する世界秩序に適合するように再加工されていることを示すことになろう。

アプローチ

本章は綿密なテクスト分析を行なうが、異なる文脈で公的領域によって発展したイデオロギーや現出する対抗イデオロギーが、どの程度実際に採用されているかについては検証しない。グローバリゼーションの潜在するイデオロギーを測定するには、世論調査、インタヴューや調査などの実証的研究を必要とするが、それは次章で見る。それとは対照的に、ここでは、知的革新者たちの言説分析を重視する。イデオロギー的リーダーシップ、つまり知的先見者たちにより生み出された集合的諸観念が強力な諸制度で具体化され、政策手段を通して伝達されているかに焦点を合わせる。選択された諸観念はけっして独立しているのではなく、政治的かつ物質的利害に密接に関連している。イデオロギー的ヘゲモニーを主張することが最終的な結果であるときは、ある特定の諸観念が合意の中心となり、そして合意は強制よりも費用効果が高くなる。グローバリゼーションのプロセスで吹き込まれた諸観念は、そのようにして権力行使を特徴づけることになる。思考と行為、つまり理論と実践は、社会変容の可能性を抑制したり促進するために結びついている。そこで、イデオロギー分析は、支配の暗号を解読するのを助け、権力の断層を確定し、対抗権力の表象を形成する取組みを見えるようにする。そのようなイデオロギーへのアプローチは、グローバリゼーションの論争的課題に対する洞察を提供する限りにおいて、有用である。

指摘したように、グローバリゼーションには単一の教義など存在しない。そこは不確実性に覆われて、曖昧性の内側にも曖昧性は存在し、支配の内側にも支配は存在する。ヘゲモニーの合意的諸側面やイデオロギー的色調は一様ではなく、流動的で不断の支持を必要としている。現在のグローバリゼーションにおいて、有機的知識人は、新しい諸観念を生み出すのみならず、政策を形成したり政策に異議を唱えたりする。事実、このプロセスにおける知的参加者たちは、多種多様な形式的、また非形式的ネットワークで結ばれている。それらの取り決めは、物質的な一面をもち、一様ではなくとも幅広い合意を促進するだろう（Cox, R.W. 1979, 1996）。したがって、それぞれのネットワーク、そして、ときおり、交差するネットワークにおいて、有機的知識人たちは、一義的でないにせよ基本的価値観を共有しているのである。

その価値観の範囲内において、一つの主要な軸は、北米とヨーロッパの中央において形成された諸観念と周縁におけるそれらとの間に見られる。二分的ではない流動的混合物を検証することにより、この区別は、部分的にのみ場所に依拠しているのであり、権力の社会的関係の観点から把握できるだろうことがわかる。中央と周縁の内側には、多種多様な軸が存在する。それらのもつれた状態を考慮に入れるとしても、上からのグローバリゼーションの諸見解が下からのそれと実質的に異なることは明らかである。アフリカの指導的知識人の一人、故クロード・アケは、下からの見解を次のように表現した。「現実に、周縁化はグローバリゼーションのダイナミクスである」（Ake, Claude, 1996：114）と。実に、グローバリゼーションのイデオロギー的推進は、未発達とはいえ、その反撃を引き起こしている。それらの傾向を調べるため、私はまず、ネオリベラル・グローバリゼーションのダイナミクスに埋め込まれた中核的諸観念、また、それらが公的言説にどの程度包含されているかを検証するつもりである。

中核的諸観念

現代グローバリゼーションとは、第1章で定義したように、世界経済における強まる統合化と標準的政策枠組みの双方を指している、ネオリベラリズムに関することである。『フィナンシャル・タイムズ』によれば、「ネオリベラル・グローバリゼーションは、単に国際的な規模の自由市場システムである」。さらに、「その鍵は自由競争……ネオリベラル・グローバリゼーションは、世界をただ単に繁栄させるだけでなく、より自由でより平和的な場所へと変えるものである」（Paulson 2001）という。別の公式において、ギルピンは、ネオリベラル世界経済の擁護者の見解と市場支配の結果を恐れる批評家たちの意見を比較考察しながら、彼自身の見解として「アメリカの政治・安全保障と経済的利益は、統合された世界経済によって適うものだ」と述べている（Gilpin 2000：

348)。

古典政治経済学を基礎にしているネオリベラリズムは、アダム・スミスや他の学者たちの伝統にさかのぼる。二十世紀では、哲学者であり経済学者であったフリードリヒ・フォン・ハイエクとシカゴ大学におけるミルトン・フリードマンを含む彼の同僚たちは、サッチャーおよびレーガンのラディカルな政策課題の知的基礎を提供した。それらの政治指導者たちは、ネオリベラルな価値観を宣伝し、国家ケインズ主義からネオリベラルなグローバリゼーションへのイデオロギー的移行を工作し、ネオリベラリズムが物質的福利を生み出し、そして、生産性の向上が社会病理を解消すると提案した。彼らは、社会を保護するのではなく、市場を開放することを強調した。さらに、公共部門は利潤や市場シェアのために競争することはないので、特にその社会支出は削減されなければならないとも強調した。そして、ネオリベラルな諸観念を制度化するために、規制緩和、自由化や民営化などの基本的枠組みが出現したのである。

一連の統括機関は、ネオリベラリズムとグローバリゼーションを束ね、そして中心的諸観念を普遍化しようとする。それらの多様な諸組織のなかにはメディア、講演会、学校、大学でビジネス・スクールの教授陣が中心になり、ネオリベラルな諸観念を発展かつ普及させることなどが含まれる。経営学修士プログラムは、価値観の特有な組み合わせを越境的に広める決定的メカニズムとしての役目を担い、よって諸国家の政策策定者たちの間に共通のイデオロギーの枠組みが出現する。実に、世界の多くの経営学修士を持った閣僚や政府高官は、合衆国の主要な大学で新古典派経済学の特訓を受けた人たちである。
また、世界についてのたった一つの支配的な思考法を促進するのに重要なのは、二国間や多国間の諸機関、特に世界貿易機関、世界銀行や国際通貨基金などである。国際金融諸機関によって利益がもたらされている証拠は、元米国大統領、ジミー・カーターの国家安全保障顧問、ズビグニュー・ブレジンスキーによって提供されている。

このほか、専門機関、とくに「国際」金融諸機関の世界ネットワークも、アメリカの世界システムの一環と考えるべきである。国際通貨基金（ＩＭＦ）や世銀は、「グローバル」の利益を代表しているともいえるし、これらの加盟国の総体が世界であるともいえる。しかし、実際には、両機関ではアメリカが絶大な影響力をもっており、その誕生もアメリカの政策、とくに一九四四年のブレトン・ウッズ会議にさかのぼる。（Brzezinski 1997: 27, 山岡洋一訳、四三頁）

ブレジンスキーは、「グローバルな協力諸機関」、たとえば国際貿易機関、世界銀行や国際通貨基金は世界で「アメリカ優位」（1997 : 28）の主な特徴を確立した、と付け加えている。国際諸機関は、構造調整プログラムのような政策メカニズムを通して、自由貿易モデルを実施し、ネオリベラルの諸原則に沿って経済と社会を再編する枠組みである「ワシントン・コンセンサス」を強固なものにするよう促進した。

このイデオロギーに対する最初の不調和は、ネオリベラルの熱狂者たちが規定する道筋を採らなかった、アジアにおける国家主導の経済の台頭であった。急速に連続して起こった他の例外的な点は、旧ソ連と東欧のいくつかの地域における市場改革のための「ショック療法」の完全な失敗、国際通貨基金の勧告が下向きのスパイラルを導いた、目を見張るほどのアジア経済危機（一九九七－九八年）、そして、明らかにネオリベラルの処方が下落を加速させたアルゼンチンの金融崩壊（二〇〇一年）などであった。それらの経験の累積的影響は、「ワシントン・コンセンサス」に対する信頼の喪失を意味したのである。

その後、開発のための金融と題する国連会議（二〇〇二年　メキシコのモンテレーで開催）のように、このコンセンサスを刷新するさまざまな試みがなされてきた。その目標に向け、ワシントンDCの研究所やシンクタンクの複合体は、公共政策に関する諸言説を進めるべく働きかけた。それら集団のミッションは、公教育と政策編成の間の橋渡しをすることである。また同様に、政策提言をするような著名な指導的知識人たちは、イデオロギー的言説の新しい潮流を推進させるものである。(2)

イデオロギー的言説

ここでネオリベラル・グローバリゼーションを維持したり衰えさせる、一連の異なる理念や価値観の代表例を分析してみよう。もちろん、一つのアプローチを完全に代表する単一の例は存在しないけれども、以下で吟味する諸例は、程度の差こそあれ、主要な特徴を捉えていると考えられる。ここで、四つのイデオロギー的潮流に焦点を当てる。まず⑴中道ネオリベラル派そのもの、⑵この学派に対する主導的な批判、あるいは改革的ネオリベラル制度論と呼ばれるもの、⑶歴史・唯物論的変容主義、そして⑷開発変容主義である。それらの各々の束の内部には重要な論争が存在するが、共有されている観念は明白である。また、本章で吟味する著作がすべてのイデオロギーおよび対抗イデオロギーを網羅しているわけではない[3]。私の主な関心は、それらの模範的著作がグローバリゼーションおよびオルター・グローバリゼーションの課題を構成する方法に向けられる。

1．**中道ネオリベラル派**の考え方は、世界銀行の政策研究報告書の一つである『グローバリゼーション、成長および貧困――包括的世界経済を構築する』（2000）に反映されている。これは世銀のチーフ・エコノミストで主任副会長であるニコラス・スターンの指揮の下で作成されたチーム・プロジェクトである。この研究の出発点は、グローバリゼーションが世界の経済と社会のさらなる統合に対応しているということである。その主な主張は、グローバリゼーションは、ほとんどの場合、貧困を削減し、平均して国家間の不平等を減らすが、国家内の不平等を必ずしも減らすとはいえないという。グローバリゼーションは各々の社会に勝者と敗者を生む、と強調している。

その主張を支持するために、この研究報告書はグローバリゼーションを三つの思潮に区分している。一つ目は、一八七〇年から一九一四年の期間、つまりグローバリゼーションは「不可避」であると思われた時期を国境横断的なフローの増大と特徴づけている。二つ目は、裕福な国家間のさらなる統合化に特徴づけられる一九五〇年から一九八〇年の期間、そして、三つ目は、一九八〇年から現在までで、テクノロジーの急速な発達の時代および製造業の発展途上諸国への移行を示している。三つ目の思潮では、「新グローバライザー」、または「成功したグローバライザー」とも呼ばれる諸国は追いつき始め、「グローバル化が進んでいない」諸国はまだ貧困の増大に直面しているという。また研究報告書は、筆者も正しいと思うが、成功の唯一のモデルは存在しないのであり、よって、政策課題はその社会の習慣に適応すべきであると指摘している。世銀はナショナリズムおよび保護主義を否定しながら、率直に次のように言明している。「アンチ・グローバルな勝者は、戦後の第三世界には存在しない。それは、なぜならば、より自由な貿易は第三世界の経済の成長を刺激するからだと推測する…」(2000 : 37)。

経済現象に焦点を絞った一連の章に続いて、「権力、文化と環境」という表題の章が最後から二番目に挿入されている。そこでは、「グローバルな組織上の構造」が議論され、「政府は一方では貿易、資本や労働移動の相互作用、他方では国民文化や環境を管理する大幅な自由を有している」と主張している (2000 : 142)。驚くまでもなく、それらへの処方箋、つまり世界銀行のグローバリゼーションのための課題は、市場アクセスの改善の方向性を打ち出している。

結局、この研究は旧来の正統派的慣行からの一つの移行を示唆していることになる。ネオリベラル的思考の重要な修正としては、グローバリゼーションには執拗に周縁化が伴うことを率直に認めていることである。しかし、世界銀行にとって周縁化は記述・統計学的カテゴリーであって、競合する社会諸力を惹きつけるダイナミックな概念ではない。また、国家は社会保護の諸要素を提供できると認めている。つまり、世界で最も人口の多い中国やインドが、それぞれ異なるやり方で大規模な経済成長を持続しているように、国家は授権的役割を演じうるのである。

しかし、この研究報告書の諸前提は、異議を免れえない。歴史記述から見ても、はじめの二つの思潮は本当にグローバリゼーションを指しているのか？ それとも、グローバリゼーションの前兆と考えるべきか？ もしグローバリゼーションが世界史に等しいのであれば、なぜグローバリゼーションの概念をわざわざ使う必要があるのだろうか。むしろ、世界銀行の研究者たちは、この概念を陳腐化しているのではないだろうか？ 確実に、非経済的諸関係は、植民地統治からポスト植民地秩序のように、時期によって異なるのである。

修正主義者のこのネオリベラルの考え方は、信用を落とした近代化論を復活させようとしているのだろうか？ グローバリゼーションの時代において、近代化論者が前提にしていたように、国家の政策立案者たちにどの程度の自律性が存在するというのだろうか？ さらに、前述の研究の新古典派の著者たちは、国家は一八七〇年から現在まで不変な統一体（実体）と考えているのだろうか？ もっと根本的には、グローバリゼーションを経済統合として一元的に理解する基本的想定は安易な考えではないだろうか？

彼らのネットワークの物質的構造基盤に光を当てて見れば分かるように、世界の指導的政治権威への定期的なアクセスや権利行使のなかでの諸観念の巧みなほのめかしなど、世界銀行の二〇〇〇年報告書が、大きな影響力を持つ重要な声明文であることに疑いの余地はほとんどない。報告書には、グローバリゼーションの中心点に位置する政策立案者たちが手直ししたいくつかの修正を見ることができる。

2. **改革的ネオリベラル派**は、上記の強力な諸機関およびそれらが伝達する中道派の観念に対して抗議している。これらの政策知識人たちは、多種多様なネットワークに参加している。たとえば、メディア産業、大企業や政治的支配層と交流する世界経済フォーラム（ＷＥＦ）のような舞台、そして、ほとんどが米国に拠点を置く、世界でも多額の基金に恵まれ経済的に余裕のあるいくつかの大学の研究所などである。しかし、ジョセフ・スティグリッツ、ダニ・ロドリク、ポール・クルーグマンやジェフリー・サックスのような、新古典派の貿易理論の達人で技術的に洗練された少数の指導的エコノミストたちが意見を等しくするわけではないにしろ、正統派のネオリベラル・グローバリゼーションの諸側面に異議を唱えてきたことは、留意に値する。その中の幾人かは、二〇〇〇年に設立した社会科学者のグローバルなネットワークである「政策対話のためのスティグリッツ・イニシアティヴ」に協力している。世界から選り抜きの専門家たちを集め、そのミッションは、開発途上あるいはその過渡期の諸国のために代替的な経済政策を立案し、そして、経済問題に関する政府の意思決定を改善することにある。

スティグリッツ（クリントン政府の閣僚で経済諮問会議議長、世界銀行の上級副総裁兼チーフ・エコノミスト、二〇〇一年のノーベル経済学賞受賞者、現コロンビア大学教授）は、グローバリゼーションの課題を推進する中心的機関や諸観念について、その関係者としての見解を述べている。『世界を不幸にしたグローバリズムの正体』の著書でスティグリッツ（2002:5）は、世界銀行が提出したデータ（Stern 2000 参照）に多少反目する形で、一九九〇年代、世界で増大する貧困問題を取り上げ、その証拠を提示した。彼は、なぜグローバリゼーションが特に多数の途上諸国の人々に対してうまくいかないかを説明するために、経済統合、国際経済機関（特に「政治制度」と記述された国際通貨基金）、金融および企業体の利益、国家構造、社会階層、価値観や資本主義システム自体に焦点を絞る、グローバリゼーションのマルチ・レヴェルの分析モデルを構築している。スティグリッツは、彼の個人的体験と理論を熟練したやり方で織り混ぜながら、国際通貨基金の偽善と市場原理主義イデオロギーへの教条的な執着に対して非難する。彼によれば、課題は単に制度そのものだけでなく、グローバリゼーションについての固定観念を変えることであり、そして、グローバル・ガヴァナンスの再秩序化を促すことであるという。

実際に、彼の事例研究は、その点を明らかにしている[4]。彼は、彼が与えた個人的アドバイス、政治権威者たちの最終決定、そして、眼がくらむような出来事の帰結などを詳しく述べている。そのどの事例でも、彼の正当さは立証された、と彼は感じている。彼は、終始正しかった。彼の観念はイデオロギーとは考えられないどころか、それを原則の地位にまで昇華させた。彼の考えでは、イデオロギーという言葉は、思考を硬直化するという軽蔑的な含意がある。彼が気付いていないのは、イデオロギーはまた、目標を達成できなかったシステムの運用方法に対して、そして、公正な秩序とはいかなるものかについて批判的理解を提供することがよくあるということである。

たとえば、スティグリッツの「債務免除」という先見性に関して言えば、彼は、なぜ取り消しではなく、「免除」、つまり誰かが誰かに何かを負うているという使い古された概念に固執するのだろうか？　彼の提案するのは「改革の多面的システム」と呼ぶもので、これは多くの異なる計画をまとめ、それらを「システム」と呼ぶ。この「システム」でなすべき仕事は、諸問題を管理することにあるという。これでは、構造的諸問題は、即座に、管理の問題に還元されてしまう。スティグリッツは、市場原理主義者たちを批判したあとで、競争によって埋め合わされる価値に対する彼の確固たる信念を述べている。最終的に、彼の課題は、グローバル化する資本主義を安定させることである。それは、基本的な諸構造の根元を引き離すことなしに、ネオリベラル・グローバリゼーションを修正することにある。

3. **歴史・唯物論的変容者**たちは、際立って対照的に、資本主義の観念を再解釈し、このグローバル化するシステムを再構築することを求めてきた。この伝統を継承する論者のなかで、ウイリアム・K・タブ（ニューヨーク市立大学教授、長年『マンスリー・レヴュー誌』のネットワークや社会主義学者たちの他のサークルと関連）は、マルクス主義理解の再解釈に努力してきた。

メディアは人の意識を形成し、グローバル化のダイナミクスを理解するための「イデオロギー的文脈」を提供するものだと指摘しながらも、彼の分析は、驚くことに、「地球村」や「反グローバリゼーション・キャンペーン」（Tabb 2001）の観念など、私が前の諸章でその正体を暴露しようとした公的言説の主要な表象に同意しているのである。しかし、それはともあれ、タブは、私が引用した上記の代表的な著者たちとは異なり、グローバル化する資本主義の強力な批評を展開し、そして、その内にあって国家および国際機関が作動する、まさにその諸要因を検証している。

世界銀行の研究者やスティグリッツと同じように、タブは、経済学者であるが、ネオリベラル・グローバリゼーションは主として政治的現象であると考えている。その議論を展開するために、タブは、世界銀行のスターンや彼の同僚たちがするように、長期的見解を採っている。しかし、世界銀行の研究者たちは、歴史・唯物主義者とは異なる方法で、ネオリベラル・グローバリゼーションを歴史化している。つまり、タブはグローバリゼーションを資本主義の発達のなかに位置付けたあと、一九七〇年以降、特に戦後の国家ケインズ主義の終焉、ネオリベラル体制の台頭に伴った固定相場制のブレトン・ウッズシステムの崩壊およびソ連邦の崩壊など、根本的な移行が起こったと判断している。

歴史・唯物主義的観点は、他の世界観とは異なる仕方で構造的である。タブは、「歴史的帝国主義」と現代のグローバリゼーションの連続性に注意を向ける。さらに、彼は、構造的権力、それは貸し手と借り手の単なる不均衡だけでなく、国家間制度および脱国家的階級を含む双方の国家間の権力関係を強調する。要するに、タブの再考の仕方は、スティグリッツと同様に、観念と利益の相互作用について決定的に再帰的である限りにおいて、世界銀行の研究者とは異なる。

タブの観点から見れば、オルター・グローバリゼーションの課題は、「グローバルな国家ガヴァナンスの諸機関」、つまり世界貿易機関、世界銀行や国際通貨基金、そして、多国籍企業などを通した「間接統治形態」の終焉を導くことにある。その課題は、「グローバルな正義のために現われる運動」を優先するイデオロギーの移行を引き起こすことである。改革の重要性を認識しながらも、タブの分析の主要な考えは、現行の社会諸関係を変容することがらである市場の諸力に対して社会的なコントロールを確立することである。(5)

4. **開発変容主義**は、他の代表的な著者たちと同じように、経済学者として訓練されたマーチン・コー（Martin Khor）によって提案された。彼は、マレーシアに拠点を置く非政府組織であり、政策問題に影響を与える他の非政府組織と国を越えて提携している「第三世界ネットワーク」を指揮している。彼の著書『グローバリゼーションを再考する』（2000）は、途上諸国の弱小なアクターたちが体験する政策に対する自由の削減、（天然資源に対するものを含む）主権の侵食および国家経済における現地民の所有権の侵食などに焦点を絞っている。

コーは、グローバリゼーションはまったく新しいプロセスではないが、過去数十年のうちに急速に加速していると捉えている。この期間の特徴は、諸国家間と諸国内における不平等の増大であり、それらの分割はグローバル化の諸力と関連していると、彼は見ている。彼のデータは、国連貿易開発会議（ＵＮＣＴＡＤ）と国連開発プログラム（ＵＮＤＰ）の資料から引き出されており、したがって、国家間の不平等の増大には明らかな証拠はないとする世界銀行の結論と矛盾するものである。コーによれば、グローバリゼーションと、ネオリベラルの枠組みに関連する観念の複合体全体は、開発途上諸国の脆弱化に強力に働いている。それらのメカニズムとしては、融資の条件設定、商品価格の変動や貿易条件の変動、短期資本移動の不安定さなどがある。

この分析に依拠して、コーの課題は、ネオリベラル・グローバリゼーションの政策や体系的リスクに対する保護に向けられている。コーは次のような戦略的応答を提案する。つまり、とりわけ、グローバル化のプロセスに関する選択的政策、漸進的なペース（速度）、政策ミックス（混合）を選択する際の柔軟性、対外的な移動制限を確認および規制枠組みを確立するための積極的参加などである。この点で彼は、アメリカの単独主義の傾向で周縁化され、世界貿易機関、世界銀行および国際通貨基金へ傾斜した特別諸機関を含む国連の強化を呼びかける。国家と市場の再均衡を計ることは、それらの双方を強化できるという認識に基づいている。それらの観念を補強しているのは、もし社会正義と公平がグローバリゼーションの一つの構成要素になれば、その次に民主的なグローバル・ガヴァナンスを課題とできるだろうという見解である。

最終的には、ここで吟味した開発の観点は、他のイデオロギーの潮流の諸側面に収斂するものとしないもの双方のヴィジョンを提供する。世界銀行の研究者たちやスティグリッツのように、コーは国家（国家間組織も含む）と市場の相互作用に集中している。不幸にも、コーは、前述の著書では開発国家の内部の諸問題についてはほとんど言及していない。コーよりも世界銀行、スティグリッツやタブの方が諸国家内部の差異について検討している。タブは世界銀行の研究者たちとは異なり、階層的分割のみならず関係性から生起する分割をじっくりと見ている。彼は、コーがグローバルな不均衡の問題を扱うあまり脇に置いてしまった社会関係を検証している。確かに、それらの理論的道具や分析枠組みは、新しい知識の産出やグローバリゼーションの諸表象にとって不可欠なものであるといえよう。

イデオロギーの流転

ここで要約すると、ネオリベラル・グローバリゼーションは、その間主観的次元および脱国家的ネットワークが政治的、物質的利益に関連するという観点から理解されるだろう。今日、イデオロギー的合意は、次第に論争的になり弱まってきた。合意に入った亀裂は拡大している。多様な利害関係者にとっての目標は、グローバリゼーションを少数ではなく多数のための解放のイデオロギーに改造することである。その仕事の必要条件は、新たな観念のみならず対抗権力である。実際は、上記で説明したように、観念のオルターナティヴなセットは実質的に出現している。つまり、望ましいグローバリゼーションの課題についてのまったく異なる諸観点である。究極的には、この論争は、誰の課題が政治的闘争のなかで勝利するかという問題である。それは、中核的観念とグローバリゼーションの制御とを調停することがらに帰着するだろう。

競い合う課題のなかには、少なくとも一つの点で共通の立脚点が存在する。つまり、現代は、ネオリベラリズムとグローバリゼーションが束になっている時代だということである。しかし、この収斂から何を推論するかについては不一致が存在する。幾人かの思想家たちは、明らかにその束を締め付けるのを好むが、他の者は、ネオリベラリズムとグローバリゼーションを切り離すことを唱導している。実際のところ、ネオリベラリズム不在のグローバリゼーションとは何を意味するのだろうか？

観念についての論争を再考することは、したがって、グローバリゼーションの言説を、グローバリゼーションとネオリベラルの枠組みを繋ぐものから切り離すものへ移行することである。逐次的には、切り離すということは、経済改革と社会政策を再び連結することに通じる。しかし、オルタ－・グローバリゼーションのこの次元は、部分的なものである。追求するに値する目標は、選択肢を想像し、政策を導き、そして特定の文脈に合わせた戦略を提供するなどの助けになる新しい哲学的諸原則を究明することである。たとえグローバリゼーションを経済的利得と社会的公正の双方を供給するように活用する唯一最良の方法は存在しないとしても、より卓越した総体的なヴィジョンをいまだ必要としていることは確かである。そのようなヴィジョンは、社会の上部に位置するイデオロギー的指導者たちばかりでなく、社会の基底からも唱導されるだろう。つまり市民社会では、オルタ－・グローバリゼーションへ向けての圧力も増しているのである。

第6章　グローバリゼーションに対する抗議の「常識的」表象

（グレン・アドラーとの共著）

グローバリゼーションを推し進めているイデオロギーに関する著作は急激に増えているが（Rupert 2000; Steger 2000, 2003b）、グローバリゼーションを推し進める力に対する反対運動についての厳密な意味で経験的かつ分析的な研究は明らかに不足している。[1] これとは対照的に、メディアは五大陸の主要都市で展開されたこれらの抗議運動について生き生きとした描写をしている。人気のあるジャーナリストや作家たちも、世界の指導者たちのサミット、主要な国際経済組織の会議あるいは世界経済フォーラム（ＷＥＦ）のようなインフォーマルなガヴァナンスのための会議の会場には常連のように現われるグローバリゼーション反対運動家たちについて表現したり、印象を述べたりしている。同時に、こうした表現や印象は、われわれが本章で問題にしようとしているいわゆる「常識的な」主張を形作るのである。

グローバリゼーション反対運動を研究するために、ジャッキー・スミス（2002）のような研究者は、参加者を観察したり、活動家の大会や集会に参加したり、彼らにインフォーマルにインタヴューしたり、反対運動団体が発行している文書を注意深く検討したり、インターネットで連絡し合ったりしてきたが、いまだ反対運動家たちを体系的に表現していない。イオン・ヴァシのような研究者でもグローバリゼーション反対運動家たちを描く試みはほんのわずかである。リージョナライゼーションについて反対する運動家に関しての研究のほうが数が多い（Imig and Tarrow 2001）。グローバリゼーションを推進しようとしている人々についての経験的調査は、数多いばかりか挑発的ですらある（Sklair 1996; Rosenau et al. 出版予定）。しかしながら何かの参加者自身が直接書いたものや（Bové and Dufour 2000; Wallash and Sforza 2000; Barlow and Clarke 2001; Danaher 2001; Klein 1999, 2002）、解説的な一握りの論文・本（Ross 2003; Starr 2003）を別にすると、反対運動家たちについては実際にはほとんどくわしいことがわかっていないのである。

そこでわれわれは、次のような点について知りたいと思うのである。グローバリゼーションに反対しているのは誰なのか。彼らの社会経済的背景はいかなるものなのか。彼らは自分自身をどう認識しているのか。彼らはどのような社会的批判をしているのか。反対運動家たちは全く別個の組織を形成しているのか、それとも彼らの間では離合集散があるのか。彼らは他の社会運動と連携しているのか。彼らは暴力的になる傾向があるのか、これに反対なのか、あるいはアンビヴァレントな感情を持っているのか。本当のところ彼らは何を求めているのか。彼らはただ何にでも反対する人たちなのか、それとも本当に何かを求めているのであろうか。

本章の目的は、現在優勢的になっているネオリベラルな構造に抵抗する人々によって抱かれつつあるオルター・グローバリゼーションという新たな概念を検討することである。このために、われわれはまずグローバリゼーション反対運動家たちについてマスメディアが使っている影響力の強い表現を考察し、それから適切な理論的問題について検討する。次に、われわれの説明を明らかにするために、ここで採用される方法論を提起し、その方法論の分析能力と限界について議論する。抵抗運動に参加した人々の声を聞いてきたので、われわれは二〇〇二年四月ワシントンDCで行なわれたグローバリゼーション反対運動を事例研究として使うことにする。調査研究に基づき、われわれはグローバリゼーション反対運動家たちの人口統計、彼らの批判、デモ参加者を動員するための彼らの戦略・戦術、それに将来のグローバリゼーションの目的について発見できた事実を示すことにする。社会問題の研究において、（社会現象の）行為主体と、その観察者の間の区別を完全にはせずに、観察者であるわれわれの学生は、グローバリゼーション反対運動についての新しい知識を生み出す上で一定の役割を果たすよう依頼されたのである。最後に、グローバリゼーション反対運動の状況をめぐる特徴に関して、われわれの観察結果を提示する。

メディアによる表現方法

Lexis Nexis はじめさまざまな検索エンジンや、適切な検索条件（グローバリゼーション、オルター・グローバリゼーション、世界経済フォーラム、世界社会フォーラムなど）を利用して、われわれは過去二年間（二〇〇〇年十／十一月～二〇〇二年十／十一月）の印刷メディアをくわしく調査する。とはいってもわれわれが調べるのは英語で書かれているいわゆる高級紙であり、アメリカではニューヨークタイムズ、ワシントンポスト、ウォールストリートジャーナル、イギリスではエコノミスト、フィナンシャルタイムズ、ガーディアン、東南アジアではニューストレートタイムズ（クアラルンプール）、ストレートタイムズ（シンガポール）である。[2] こうした主流の印刷メディアで扱われた事例を補なうために、われわれは著名なジャーナリスト達による著作——それは世論を形成する上で影響を与え、意見交換を通じ合意が形成される上で役割を果たすものであるが——のなかで描かれたグローバリゼーション反対運動のイメージを検討する。この調査は運動家たちについての共通の描かれ方を具体的に示し、今後の調査の指針となることが意図されている。

上に述べた留意点にもかかわらず、広く行き渡っている描写の仕方には、頻繁に見られる繰り返し使われるイメージが含まれるのである。運動家たちとのおびただしいインタヴューによって、彼らの容貌、年齢、性別、出生国、教育レヴェル・社会的地位（大学生であるとか、中産階級であるとか、など）、所属（Black Bloc, Anti-Capitalist Convergence, ATTAC など）がわかるのである。運動家たちは、圧倒的に若者で、白人で、教育を受けていて、中産階級出身であると描かれる。彼らは、オルター・グローバリゼーションの活動家と一括りにして典型的な描かれ方をするのである。

反対運動家に与えられることが多いもう一つの特徴は、彼らの間の見解の不一致である。とりわけアメリカにおいては、グローバリゼーション反対運動家と労働組合活動家との間の不一致にかなりの注目が寄せられるのである（フィナンシャルタイムズ、二〇〇二年五月二一日）。反対運動家たちは、悪条件の職場、債務、フェアトレード、環境、人権に関心があると言われているが、これに対し労働運動活動家たちは、自分たちの仲間の仕事を守ることにとりわけ関心がある。この点に関して、メディアは、「誰が誰を代表しているのか」と繰り返し問いかけを行なっている。

カタールでの会議は、オルター・グローバリゼーションを推進しようとする勢力と、この運動の活動家たちがその利益を擁護しているといっている貧しい国家の政府との間の妙な分裂を白日の下に曝したのである。活動家と貧しい国家は、（エイズのような感染症のための）国際的製薬特許を緩和することが望ましいというような問題では同一歩調を採るが、他の問題に関しては著しく意見を異にするのである。（ワシントンポスト、二〇〇一年十一月二日）

新聞ではしばしばこのようなイメージで描かれるのだが、反対運動家と、途上国を代表する人々にとって、その優先順位は大きく異なり、（そのため）衝突さえすることがあるのである。反対運動が批判される第三の特徴は、その暴力的傾向である。二〇〇一年イタリアのジェノヴァで運動家一人が殺害されたこともあった、警察による暴力ばかりか、一九九九年シアトルのデモでの器物損壊やデモ隊と警察との衝突を思い出してみると、このことはほとんど驚くに当たらない。「スイス・ジュネーヴにある静かで雪を頂いたダボスで開かれた昨年（二〇〇三年）のサミットの際の混乱や、シアトルとジェノヴァで開催された世界貿易機関の総会に対して行なわれた暴力行為」「シアトルとジェノヴァでの反対運動による野蛮な乱闘」というようなイメージを作り出したのは何もニューヨークタイムズ一社だけではない（ニューヨークタイムズ、二〇〇二年一月一一日、一月二五日）。9・11テロ以後は確実に、暴力に訴える可能性が中心的関心となったことは驚くに当たらない。有力印刷メディアが報道したように、9・11テロ以降直ちに、反対運動家たちは対立を重視しない姿勢をとった。だがいくつかのメディアの記事は、大雑把な報道を続け、反対運動家たちを暴力と結びつけ、「混沌」という意味でのアナーキーというイメージを呼び覚ましたが、アナーキストたちが擁護しようとしていると主張している直接民主主義、透明性、共同体の自決権などには触れなかったのである。

第四の特徴は、遠慮なく言うと、首尾一貫性を欠いているということである。イギリスのエコノミスト誌は、運動家たちの目的をあまりにも馬鹿げたものであり、彼らの議論をあまりにも矛盾したものとして描いたのである（エコノミスト、二〇〇二年九月二八日）。他の有力印刷メディアは、必ずしも否定的でなく、グローバリゼーションに反対する運動家たちがグローバルな問題や国際的制度を変革するための首尾一貫したくわしいシナリオを持っていないと指摘した。人気のあるテーマで多くの著書を著している、コロンビア大学経済学教授のジャグディシュ・バグワティも同様に、運動家たちを資本主義の利益を認識せず、単にグローバリゼーションと企業について知識をもっていない者として描いている（Bhagwati 2002）。運動家についてのこの表現の仕方は、代替案の展望を持たないものである。別の視点からすると、一九九七―八年のアジア通貨危機の後、マレーシアとシンガポールの有力紙は、自国の指導者たちがグローバリゼーションのある側面、すなわち途上国を出入りする規制を受けない資金のフロー（ホットマネーとして知られる）に声高に反対していることを認識している。その結果、運動家たちが反対しているものを表現すると、反対運動はグローバリゼーションを精緻化するためであり、全面的に反対しているのではないという認識に基づき、グローバリゼーションによる足枷を取り除くことということになる（ストレートタイムズ、二〇〇二年二月一日）。

グローバリゼーション反対運動家たちの表現を美しく装うことで、欧米の著名なジャーナリストたちによる著作が同じようなイメージを広めてきた。ニューヨークタイムズの特派員トーマス・フリードマンは、これら運動家を時代に逆行して行動する者として描き、グローバリゼーションに対する首尾一貫したイデオロギー的対応がこれからも発展していくことに疑問を呈した（T. Friedman 1999 : 273）。ジョン・マイケルトゥワイトとエイドリアン・ウルドゥリッジは、暴力に訴える可能性と、最低限の経済生活しか認められない公民権を奪われたマイノリティの「邪悪な意図」に焦点を当てた（Mickelthwait and Wooldridge 2000 : 274–5）。衝撃的なメタファーを生み出すバグワティやその他の知識人と、ジャーナリストたちの間で共通するものは特に明らかである。たとえば、このメタファーを使った多くの一人であったが、イギリス首相トニー・ブレアの顧問である社会理論家アンソニー・ギデンズはグローバリゼーションを制御不可能な世界になぞらえた。ギデンズがＢＢＣ放送で行なった名声を上げたリース・レクチャー（Reith Lecture）のテーマと、彼の著書『暴走する世界』のタイトルは、現代世界秩序を制御する力が欠けており、同時に技術力がわれわれの生活をスピードアップしつつある未曾有の状態を明確に描き出したものである（Giddens 2000）。なるほど確かに、（御者を振り切って逃げた）奔馬に御者はいないかもしれないが、御者――実際には複数の御者であるが――と馬の間には権力関係、すなわちヒエラルヒーがあるのである。実際には、奔馬は柵にもぶつかるし、逃げ出した奔馬を押さえようとする人間たちの努力にも直面するのである。今日、主権国家、国際機関、抵抗運動はともに奔馬を飼い馴らそうとしているのである。現代グローバリゼーションの進展に伴い、その一連の特徴と人口に膾炙されているメタファーは、複雑で多次元的な現象を統御するのに役立つが、根の深い構造を見えにくくしてしまうという危険も同時に冒すことになる。

繰り返しになるが、研究者や知識人の影響も受けた、有力マスメディアによる表現が社会に与える影響は、グローバリゼーション反対運動家について四つの広く知られたイメージを生み出してきた。すなわち、中産階級出身の若者、暴力志向、内部分裂、首尾一貫した立場の欠落の四つである。われわれの研究は、調査データと比較してこの四つのイメージからなる雛形を検証するが、「どんな理論的問題がここでは意味があるのか」というもっと一般的な疑問を考察することが重要である。

理論的問題群

グローバリゼーションは、グローバルなフローの増大ばかりか、支配的秩序を維持しようという動きとともにこれに抵抗しようとする衝動を内包する根本的な権力関係によって活性化されるという前提に、われわれの分析は依拠している（第1章）。サパティスタ（the Zapatistas）に見られるように、地方の憤りは、調整計画であろうが、民営化であろうが、規制緩和であろうが、自由化であろうが、グローバル化のプロセスに対する不平不満と結びついている。グローバリゼーションに対する抗議は、貧しい人々や長年住んでいた土地から追い出された人々の利益を侵害するものとして認識されている政策をめぐる、それ以前にあった大衆的な抗議と結びついている。そこで、既に触れたように、三大陸においてＩＭＦ総会に対して展開された抗議活動や騒乱は、途上国で膨大な数の人々を動員したのである（Walton and Seddon 1994; McMichael 2004）。こうした抗議運動によって、多くは多国籍企業によって行なわれる不法な森林伐採やダム建設のような巨大プロジェクトが停止に追い込まれたのである。さらに、一九九〇年代初頭、ＮＡＦＴＡの成立を阻止しようとした運動は失敗したが、国家が主導する市場統合の公約と限界について人々は意識するようになった。現在の反対運動は、こうした人々の認識を利用して行なわれている。現代グローバリゼーションに対する反対運動は、人々の憤りをいやそうとする流れを基礎に成立しており、さらにこの流れを強化しつつある。

現代グローバリゼーションは国民や国家に基礎を置く古くからの連帯感を不安定化しているが、現代の反対運動は領域的単位をますます超越しつつある新しい集団的なアイデンティティの構築をめぐるものである。古い意味での共同体は不安定化している。階級、ジェンダー、性的選好、宗教、人種、民族を含む多元的アイデンティティ（の存在あるいは可能性）を認めるようになって、アイデンティティ・ポリティクスは変化しつつある。事実、オルター・グローバリゼーション（のプロジェクト）はこうした多元主義の「爆発」を栄養源として成長してきたのである。

このように、グローバリゼーション反対運動は、グローバルな政治経済が変化してきていることをイデオロギー的に理解することにも関連している。反対運動家たち自身の表現は、イデオロギー上の指導者のニュアンスを含む見解とは必ずしも同じものではない。むしろ街頭に繰り出すデモ隊参加者が増大してきているのを見ると、根底には彼らの何か潜在的で流動的な姿勢が感じられる。街頭の抗議運動は、イデオロギーと新しい政策課題――それは国際経済組織の戦略を調整すること、「ワシントン・コンセンサス」後の新たな合意を作り出す努力、アメリカとその同盟国が強調するグローバルな「テロとの戦争」などであるが――を調和させる試みを表わしている。地経学と地政学の変容と、イデオロギーを結びつけるダイナミックなプロセスが問題になっていることをいくら強調しても強調し過ぎることはないのである。

学術書では、こうした傾向を検討するためのアプローチが重複して説明されている。そのうちの一つのアプローチは、グローバリゼーションとオルター・グローバリゼーションを目指す運動との間の相互作用に焦点を当てている。このアプローチによる精緻な研究書として、デーヴィッド・ヘルドとアンソニー・マグルーによる『グローバル化と反グローバル化』（2002）がある。このコンパクトな研究書は、（歴史的に見て）資本主義が発展していく地理的分布はどのように変化してきたか、（国際政治における）権力が世界でどのように組織化されてきたか、国家安全保障と社会安全保障はどのようなものであったか、各時代で主導的な倫理原則はどういうものであったか、について探求している。本書は、単一の枠組みのなかで、構造的分析と行為主体の分析を包括的にまとめたものである。しかし（グローバリゼーションに対する一般の人々の）声を分析対象にしていないという問題がある。自分自身の言葉で語ることを許された、現代グローバリゼーションの敗者は、本書のどこにも出てこない。筆者たちは、グローバリゼーションを理解する上で重要な貢献をしてきたが、反対運動家たちに対する経験的な分析をこの研究に組み込んでない。この経験的な分析をすると、ネオリベラルなグローバリゼーションの諸側面を把握することを一方の端に置き、グローバリゼーションを改革ないしは廃止しようとすることを他方の端に置いたスペクトラムの上に描かれる多くの陰影を把握することができるのである。同時に、この陰影の強弱を測定できるのである。もちろんこの陰影の強弱は、集団的行動を引き起こそうという実際に強化された運動を超えても行くし、後戻りもするものであり、この陰影を認識することにより研究者は変容の可能性を探求できるのである。

下からのグローバリゼーションは、リチャード・フォーク（2003）によると、新しい種類の政治――二〇〇〇年のシアトル暴動や、それに続く街頭抗議デモで誇示された市民社会の行動主義に見られる――が現われつつあることの証拠となっているとのことである。下からのイニシアティブは、異質で多様であるので、参加型の民主的なグローバリゼーションを象徴している。このタイプのグローバリゼーションは、国家や企業に具現化されたトップダウンの階層的な政治と対立するものである。フォークは、（グローバリゼーションかアンチ・グローバリゼーションかという）二分法ではなく、問題発見的な方法を設定して、あるべき政治の姿を具体的に示すことによって議論を深めてきた。しかしまたもやわれわれは一般社会の人々から直接彼らの意見を聞きたいのであり、彼らがどのように議論の枠組みを作っているのかを知りたいのである。

下からのイニシアティブは決して容易に生まれはしない。グローバリゼーションによって生み出された同じような脅威に直面しても、すべての個人や集団が集団行動をとろうという気持ちになる訳ではないのである。人々が自由にできる資源や、彼らが頼りにすることができる抵抗運動の伝統、あるいは彼らが埋め込まれている社会的ネットワークが重要であるように、（誰でもが参加できる訳ではなく）抗議運動に参加する機会の幅も重要なのである。過去二〇年の間、こうした問題は社会運動理論の中心的な関心事であった。しかし一九九〇年末以降になってはじめて、この分野の研究者たちは、トランスナショナルな連帯が発展し、それがグローバル・ガヴァナンスにどういう影響を与えるのかを理解する上で重要な貢献を果たしたのである（Smith, Chatfield, and Pagnucco 1997; Keck and Sikkink 1998; O'Brien et al. 2000）。

この社会運動研究に、問題がないわけではない。シドニー・タロウ（2002）は、この分野の研究がグローバリゼーションと集団行動との間の因果関係を十分くわしく説明しておらず、数多くの集団行動をひとかたまりに扱っていると批判した。タロウは、共著者たちと発展させた「論争を惹き起こす政治」という広い分析枠組みのなかでトランスナショナルな集団行動を検討することを提案したのである（McAdam, Tarrow, and Tilly 2001）。この分析枠組みは、標準的な社会運動分析の静態的アプローチと、事例研究に過度に依存した一般化の限界を克服することを目指すものである。「論争を惹き起こす政治」とは、社会運動が、脅威や機会の内容・正確を明らかにし、適切な組織や認識枠組みを発展させ、集団行動を革新する方法を強調するものである（Tarrow 2002：241–5）。「論争を惹き起こす政治」アプローチは社会運動理論に多大の貢献をし、われわれの研究に不足している部分を補ってくれるものである。しかしながら社会運動理論は、グローバリゼーションが人々に権限を与える機能や、逆に権限を奪う機能を理解する方法を発展させていない、というのはこの分析が、グローバル化しつつある経済の変遷と十分に結びついていないからである。

トランスナショナルな集団行動をとれる方法をわれわれが選択する場合、社会運動理論とその変種ともいうべき「論争を惹き起こす政治」理論も、その脆弱性を認識するのである。たとえば「シアトル暴動」のために動員された反対運動の連合体は緊張を孕んでいたのである。マーク・リッヒバッハによると（2002）、各集団の物質的利益、アイデンティティ、理想像の間の不一致、北の国々の集団と南の国々の集団の間の不一致、あるいは戦術をめぐる不一致などによって相互に緊張を孕んだのである。(3) シアトルではこうした不一致が緩和されたが、しかしこのことが、グローバリゼーション反対運動が持続的でグローバルな社会運動として首尾一貫したものとなっていくことを意味しない。グローバルな公正を求める運動の課題はヘゲモニー的ナショナリズムの再興に対応して再構成されつつあるので、この課題は再び特定の国民を対象とした狭いものになる可能性がある——特に9・11テロの後では——と指摘する研究者もいる。

「論争を惹き起こす政治」によって明らかにされる現象の範囲は、本章が対象とする範囲よりもはるかに広いものである。国際経済組織や、二〇〇二年四月の数多い「行動日」をめぐるアメリカの状況にクレームをつけたグローバリゼーション反対運動について個別に検討してきた。本書の目的にとって、最も有用な検討対象は、グローバリゼーションそれ自体の不可欠な一部として理解されるべき抵抗運動である。

第2章では、抵抗運動は（グローバリゼーションの）単なる否定ではないことを説明した。抵抗運動は、反対、回避、挑戦、反応といったものを越えたものである。抵抗運動は、グローバリゼーションによって構成され、同時にグローバリゼーションそのものを構成するのである。新しいアイディア、新しい組織と制度、新しい日常の生活行動、そして対抗権力のための多様で拡散した地域的・個人的レヴェルを、抵抗運動は内包しているのである（Gill 2000; Mittelman 2000）。こうした諸次元のそれぞれが、異なった条件の下でどの程度存在しているのか欠如しているのかによって、比較研究の基礎が得られるのである。こうした多面的なアプローチが、今まで考察してきた解釈に付け加わり、これ以降の部分で分析されるデータを作成する上で役に立つのである。

方法論

本研究において得られた重要な成果は、二〇〇二年四月一九日から二二日にかけての週末にワシントンDCで展開された多くの抗議運動期間中に行なわれた調査に基づいている。全国的組織の連合が、アメリカ――とりわけイスラエル・パレスチナ紛争に関連して――ばかりか世界銀行やIMFの政策に抗議するために抗議行動を呼びかけた。

調査のための質問事項（本書巻末のアペンディクスを参照のこと）を設定する前に、われわれは学生たちを調査に参加させるためにも、また質問の段取りや倫理的問題について議論するためにも二回の会合を開いた。抗議運動参加者が学習過程に参加しているのと同じように、学生たちも研究推進に貢献した（という意味で研究過程に参加したことになる）。学生たちは、質問事項をデザインすることに貢献し、抗議運動を自らの目で観察した記録をとり、抗議運動の証人となり、知識生産の主体となったのである。（抗議運動とそれについての調査という）試みの範囲を過大視しないでも、抗議運動参加者と学生の間に生じた並行的なプロセスは二重の意味での教育であると見なされるかもしれない。

世界銀行本部の通りを隔てて反対側にあるエドワード・マロー公園でNGO「グローバルな正義を求める動員運動（Mobilization for Global Justice）」が四月二〇日に開催した抗議集会に参加した人々をわれわれは調査対象とした。一〇〇〇人から五〇〇〇人の人々が参加した抗議集会は、他の三箇所で開催されていた抗議集会から合流した人々とともに行進が始まり、ワシントン・モールでの七万五千人から一〇万人が参加した大集会で頂点に達した(ロサンゼルスタイムズ、二〇〇二年四月二一日、ワシントンポスト、二〇〇二年四月二一日、ワシントンタイムズ、二〇〇二年四月二一日)。

一二人の学生と二人の教授によって行なわれたフィールドワークによって、二四三の完全な調査標本が得られた(4)。質問票には、人口統計学的特徴、抗議運動への参加履歴、グローバリゼーションに対する見解・立場、グローバルな正義実現のための運動に関する戦略などの二五項目が含まれていた。この調査研究の限界は、抗議運動が進行している最中にその参加者に質問しなければならないことであった。こうした弱点は、標本となった被質問者が何を、誰を代表しているかという代表性、調査の結果得られた成果の有効性、調査結果全体の一般化可能性に関連している。

どのような基準で被質問者である標本を選ぶかという選択枠組みを作ることはできなかったので、被質問者は厳密な無作為抽出によって選ばれたものではない。むしろ学生調査員たちは、ジェンダーとか人種とか年齢などの、いくつかの認識可能な特徴に基づいて多様な参加者に質問するように要請されていたが、インタヴューはデモの行進に沿って行なわれ、場合によってはワシントン・モールの集会場で行なわれたのである。主たる参加理由がグローバルな正義のための運動そのものではなく、その日の抗議運動の目的と関係のあるイシューであった他の集会からの参加者もインタヴューの対象であった。国際経済組織に特化したようなイシューとは対照的な、アメリカ外交政策が参加の主要な理由であった参加者へのインタヴューの場合には、それは調査結果に影響を与えるかもしれない。しかしながら(同時に開催された)抗議集会は互いに調整して行なわれ、それぞれの集会に合流していき、活動家たちは複数の組織に重複して加盟しているとはいえ、われわれはすべての質問票を一まとめに処理することにしたのである。

一人当たりのインタヴューにかける時間的制約のために、一つの問題について深く掘り下げて聞くことができず、（調査の）有効性という問題を残した。たとえば、被質問者は、グローバリゼーションの中心的特徴は一般の人々にとって利益となるのかコストとなるのか質問された。質問票についてコメントを求められた人のなかには、AかBかというような二者択一的質問を批判し、グローバリゼーションは地理的条件（北の地域に属するか南の地域に属するか）と人々が属す階級・階層によって異なった影響を与えるものであると答えたのである。質問事項がある種のニュアンスを含んでいる多くの場合――すべてではないにしても――、われわれは被質問者が自分の答えを自由に述べることのできる質問も用意したのである。

最後の点として、調査は一つの抗議集会を集中的に対象とし、抗議集会のための準備段階と、各集団間の相互作用や集会自体のダイナミクスは検討しなかった。調査は、他の調査では不可能であろう具体性と正確性を持つものであった。言うまでもないことだが、こうした調査結果はアメリカではグローバリゼーションに反対するすべての人々の態度であるとは受け取られないし、世界全体でみればさらにそうである。また街頭集会のほうが、他の形態の抗議より重要であるとは思われない。特定の出来事に焦点を当てることによって得られるものは、グローバリゼーション反対運動の発展について一般化が困難である以上は制約されているのである。確かに、こうした制約は調査研究を止める理由にはならないが、調査結果を広く利用するようにし、その調査を抗議運動のダイナミクスを理解するために他の方法と結びつける必要性を示唆している。

調査結果(5)

■人口統計学的結果

二〇歳から二五歳までの抗議運動参会者が、最も数の多い年齢層で、母集団の約三六%を占めている。母集団の三分の一強が三〇歳以上であり、二〇%強が四〇歳以上である。(6)五二%が男性で、四八%が女性である。全体的にみて参加者は高学歴である。六〇%が大学に通っているか卒業しており、約二五%が大学院に在籍しているか修了している。六%強が博士号を取得している。二%弱が専門学校を卒業しているか修了している。

被質問者の多く、四〇%強は自分たちを学生と認識しているが、母集団は調査結果が示しているよりも職業的には多様性に富んでいる。被質問者の三分の一以上が、専門職あるいは行政職、マネージャー職、管理職として雇用されている。しかしながら社会階層的構成は多様ではない。二%が事務職で、六%が職人または単純労働者、二%弱が無職である。

四一%が年収二万五〇〇〇ドル以下で、約三〇%の年収は五万ドル以上である。年収と学歴の相関関係は統計学的には重要な点で、年収は社会階層のなかの位置より教育レヴェルとの関連が深い。言い換えれば、年収に関する調査結果は、二〇歳以下の高校生や大学生が多数母集団におり、所得の低い人は実質的には母集団にはいないことを明確に示している。

被質問者の八〇％がアメリカ市民またはカナダ市民であると答えているが、これ以外の五％の人はアメリカと他の外国の市民権の二重の市民権を持っている。（今回調査した抗議集会の参加者に関しては）他の抗議集会の参加者よりも北米大陸以外の出身者の比率が高い[(7)]。母集団の大多数は白人であるが、そのうちの約三〇％はマイノリティー・グループに属していると認識している。しかしながらマイノリティーという言葉が人種的意味合いを持たないかもしれない外国人の数を考えると、このマイノリティー・グループに属する人々の比較的多数は本質的な意味では人種的多様性を反映していないのである。

被質問者は一般的にはコスモポリタンである。四四％は二カ国語以上の言語を話す。約半分の四八％の人は、一年に一回以上海外旅行をする。九〇％強の人は、他の大陸の人々とコンタクトするために定期的に電子メールを使い、約三〇％の人は外国の一〇人以上の人と電子メールで頻繁に連絡を取り合っている。

■グローバリゼーション批評

質問票には、グローバリゼーションについての被質問者の見解と、グローバリゼーションが関わっている中心的政策及び組織を検討するためのいくつかの項目が含まれている。

グローバリゼーションの効果を評価するように求められて、被質問者の八八％がグローバリゼーションは彼らの生活に直接的影響があると答えたが、これは何ら驚くべきことではない。この八八%のうち、三分の二の人は、グローバリゼーションが自分達の生活の質を低下させていると答えた。しかしながら、一九%とわずかではあるが、グローバリゼーションは生活の質を高めたと主張し、一四%はよく分からないと答えた。表6・3が示しているように、これらの回答は、グローバリゼーションの効果についての複雑な見解を示している。またこれらの回答はグローバリゼーションの諸側面が与える影響と、その諸側面が人々の日常生活に及ぼす結果に関する反応を表わしている。(この表を含めすべての表では、パーセンテージの合計は一〇〇となるよう端数を処理している)。

被質問者は、地域文化を変えること、政府支出を削減すること、民営化に、ほとんど一様に否定的であった。しかしグローバリゼーションのほかの側面に関しては、まちまちな反応を示している。被質問者の五分の三は輸出促進政策をコストがかかることであると見ているのに対し、一四%はそれを利益であるとみなし、一九%は分からないと答えた。被質問者は、移住、消費物資が今まで以上に手に入りやすくなること、技術的進歩を、積極的に評価した。ほぼ半数(四六%)は、技術的進歩を利益とみなし、二一%は分からないと答えた。こうした調査結果は、被質問者がグローバリゼーションを一枚岩的に見ていないこと、そしてグローバリゼーションの構成的なプロセスが及ぼす影響を区別していることを明確に示している。(8)

被質問者はまた、さまざまな国際機関や多国籍企業が一般の人々に与える影響に関してどう思うかについても調査された。被質問者は、国際安全保障や地域機構などの制度についてあまりよく知らないと答えたが、表明された態度は極めて首尾一貫していた。約四分の三はＮＧＯが一般の人々にたいへん積極的な効果をもっていると信じており、他方、六％の人はＮＧＯが極めて否定的な効果を持つと見ていた。多くの積極的反応を得た唯一の組織は国連である。ＥＵのような地域組織は、これを積極的に評価するものも消極的に評価するものもいて印象は多様であり、複雑な感情をもたれている。これとは対照的に、ＮＡＴＯのような国際安全保障組織や、ＷＴＯ、ＩＭＦ、世界銀行を含む国際経済組織は一貫して否定的な評価を受けている。八九％から九三％の被質問者は、こうした組織は一般の人々に否定的か、極めて否定的な効果を与えていると考えている。こうした見解が（被質問者に）強く抱かれているという別の証拠は、こうした反応について自信を持っている被質問者が少ないということであり、ほぼ一貫して五％以下の人がよく分からないと答えている。

調査結果を分析すると、被質問者はこうした組織に対して異なった態度を抱いていることがわかる。約四分の三の人がＷＴＯ、ＩＭＦ、多国籍企業に関して「非常に否定的」と見ているのとは対照的に、世界銀行を「非常に否定的」と見ている人が三分の二以下であることを考えると、被質問者は世界銀行が一般の人々に与える影響を他の組織よりあまり否定的には捉えていない。ＷＴＯ、ＩＭＦ、多国籍企業に対して「非常に否定的」と見ている割合は、それぞれ七三％、七三％、七二％でほぼ同じである。しかし、「否定的」「非常に否定的」を合わせると、多国籍企業は一般の人々の生活に最も悪影響を与えていると見られている。こうした否定的な調査結果が一貫して見られることを考えると、被質問者はＷＴＯ、ＩＭＦそして多国籍企業をグローバリゼーションの不可欠な

表 6.1　グローバリゼーションはあなたに個人的に影響をあたえていますか？（%）

はい	88
いいえ	5
わからない	6
質問表紛失	1
全体	100

表 6.2　結局のところ、グローバリゼーションはあなたの生活の質に影響を与えましたか？（%）

グローバリゼーションは、私の生活の質を向上させた	19
グローバリゼーションは、私の生活の質を低下させた	66
わからない	14
全体	100

表 6.3　ここにグローバリゼーションと結びついた特徴のリストがあります。あなたはこれらが世界の一般の人々にとって利益と思いますかコストと思いますか？（%）

	利益	コスト	わからない	紛失	全体
地域文化を変えつつある	0	89	7	4	100
政府支出を削減する	5	89	4	3	100
民営化	5	83	9	3	100
輸出促進	14	61	19	7	100
移民増加	18	50	26	7	100
消費物資が入手し易くなる	23	44	25	8	100
技術的進歩	46	26	21	7	100

表 6.4　下記に挙げた制度は世界の一般の人々に肯定的な影響を与えていると思いますか、それとも否定的な影響を与えていると思いますか？（%）

	NGO	国連	地域機構	安全保障機構	WTO	IMF	世界銀行	TNC
非常に肯定的又は肯定的	73	54	25	8	3	3	3	1
中立的	11	28	21	11	3	3	2	3
非常に否定的又は否定的	6	14	29	71	89	90	90	93
わからない	10	5	25	11	5	5	5	3
全体	100	100	100	100	100	100	100	100

表 6.5　国際制度が一般の人々に与える影響をどう評価しますか？（%）

	世界銀行	WTO	IMF	多国籍企業（TNC）
否定的	27	16	17	21
非常に否定的	63	73	73	72

構成要素と考えていることがわかる。

全体として考えると、調査結果はグローバリゼーションについての（否定的）見方が強まってきていることを示している。被質問者は、技術的進歩が期待でき、移民が増加し、消費物資が今まで以上に容易に手に入る、というような多くの側面がグローバリゼーションというものであると、当面、認識——少なくともグローバリゼーションには否定的ではない——しているという一面がある。それにもかかわらず彼らは、民営化、輸出促進、政府支出削減などの、グローバリゼーションと結びついた中心的な政策について心配しているのである。グローバリゼーションの負の部分と思われる改革を主張し、実際に採用した主要な国際組織に対し、被質問者たちが抗議するのは、何ら驚くにあたらない。

■動員、目標、戦略

A．動員

政治的参加の度合いを測定するために、質問票では被質問者がどのようにして抗議集会にやってきたかについて尋ねた。参加は、場所が近かったからということも含め、たまたまなのか、あるいは十分な計画の上に行なわれたものなのか。調査結果によると、十分考えて参加したケースが多いことがわかる。五六％の被質問者が一〇〇マイル以上を移動して抗議集会に参加しており、五〇マイル以内の移動で参加した人は三八％しかいなかった。一〇％強が一〇〇〇マイル以上も遠いところから参加していた。

インターネットもまた、参加を促す重要な手段であることがわかった。まずわれわれは、同じような考え方をもっている人々とのネットワークを作る手段としてインターネットを使っているかどうか尋ねた。八〇％以上の人が定期的に――一週間に一回以上――インターネットを使っており、半分以上が（五五％の人が）毎日使っている。この目的のためにインターネットを使わない人は五％しかいなかった。

被質問者が抗議集会についての情報を得るためにインターネットを使う方法を、追跡調査で徹底的に調べた。最も一般的な方法はウェブ・サイトにアクセスすることで、九三％の人がこの方法を使っていた。参加者が十分な情報を共有し、自分の検索目的を十分に果たせる能力を持つ、双方向的な電子伝達手段であるリストサーヴ――ネットワークで使われる自動メーリングリスト配信システム――を通じて情報を集める人が七六％いた。抗議集会について知るためにチャット・ルームを使う人はほんのわずか（一一％）であった。

インターネットで集めた情報が、実際に抗議集会に参加しようという意欲に影響を与えたと答えたのは被質問者の三分の二強で、そのような情報は自分たちの（参加しようという）決定に影響を与えなかったと一一％の人が答えている。

こうした調査結果は、二〇〇一年九月ワシントンＤＣで開かれた世界銀行、ＩＭＦへの抗議集会の参加者を対象にヴァシ（巻末参考文献 Vaci:19）が行なった調査とかなり似たものである。有力メディアが選択的に出来事や事件を報道するのに対し、インターネットは上に引用した二つの抗議集会で参加者を動員する上で重要な役割を果たした。インターネットで情報を集めた人の割合と、インターネットが参加しようとする自分の決定に影響を与えたという人の割合は、われわれの母集団では高いのである。調査結果では（相関関係は）弱いものの、組織的活動と、インターネットで得られた情報の影響との間の相関関係は、有意に負の相関があり、動員のための手段としてのインターネットの重要性は、参加者の活動程度が上昇するにつれ減少していくことを示している。

経験豊かな活動家は、個人的、組織的要因に影響されやすいが、社会運動のメンバーでなかったり、抗議活動に参加したことがない人は、集会を知る効果的な手段としてインターネットに頼る傾向がある。この調査結果は、社会問題に関心の強い個人がますます社会運動に参加することになる「ヴァーチャルな抗議組織」の出現を示唆している（巻末参考文献 Vaci:20）。

グローバルな正義、労働、環境、反核、平和、公民権、ゲイとレズビアンなどを対象とする組織を含む社会運動における彼ら自身の役割をどう認識しているかと被質問者にすることによって、彼らの参加度――無関心、あまり活発でない、活発である、組織で重要な地位を占めている――を示す指標を作成した(9)。

被質問者の四分の三近くが、何らかの運動組織と関係があると答えていることを調査結果は示している。抗議運動の実質的中核――約三分の一に当たるが――は、何らかの運動組織の活動家である。確かに、多くの被質問者は一つ以上の組織に関与している。このパターンは、組織間の実質的

表 6.6　抗議集会についての情報を集めるために、次のような形式のインターネットをどのくらいの頻度で使ってきましたか？（%）

	ウェブサイト	チャットルーム	リストサーヴ	E メール
頻繁に	65	5	43	69
時々	28	6	28	23
使わない	6	87	22	7
わからない	1	2	1	2
全体	100	100	100	100

表 6.7　抗議集会に参加しようという自分自身の決定にインターネットが及ぼした影響と、社会運動組織に組織的に参加する度合いの間の相関関係

			インターネットの影響	組織的参加の度合い
ケンドールのタウ b	インターネットの影響	相関係数	1.000	− 0.177
		Sig.（2-tailed）		0.001
		N	239	239
	組織的参加の度合い	相関係数	− 0.177（*）	1.000
		Sig.（2-tailed）	0.001	
		N	239	243

* 1% で有意（両側検定）である。

表 6.8　いずれかの運動組織に参加したことがありますか？（参加の度合い）

	人数	%
非常に活発に	27	11
活発に	50	21
ほどほどに	100	41
受動的に	64	27
全体	241	100

表 6.9　いずれかの運動組織に参加したことがありますか？（参加した組織の数）

	人数	%
参加したことなし	66	27
1 つの組織	27	11
2 つの組織	32	13
3 つの組織	41	17
4 つ以上	77	32
全体	243	100

な交流を特徴づけており、この交流は幅広い目標、戦略、戦術の点で相互作用の可能性をさらに示唆している。

しかしながら、活動家に焦点を当てるからといって、被質問者たちが組織的に（抗議集会に）参加しているもう一つの中心的特徴を曖昧にすべきではない。抗議集会に参加した三分の二以上の人々は、こうした中心となっている活動家によって参加を誘われたわけではない。四一％は一つ以上の運動組織である程度活動しているが、四分の一強はそのような組織には全く参加していない。こうした結果は、インタヴューに答えたすべての人が一つ以上の運動に参加しているというヴァシ（巻末参考文献 Vaci:26）の調査研究の結果と異なっている。二〇〇二年四月の抗議集会の主催者は、以前は組織に関与していなかった個人からなる大集団ばかりか、あまり活動的でないメンバーも引き込むために、中核的活動家の層の外へ手を伸ばしたということをわれわれの調査結果は示している。抗議集会は、決して転向者の集会ではなく、なんとなくメンバーになっている多くの人々や、抗議活動に疎い人々にも動機付けを与えたのである。こうした結果は、9・11テロ後に行なわれた大衆的抗議活動をめぐる微妙な雰囲気を考えてみれば、なおさら特徴的である。

抗議集会参加者たちが以前に参加したときの印象と今回を比較してみると、この重要性は増大している。一九九九年シアトルで開催されたＷＴＯ総会への抗議デモからも二〇〇一年九月ワシントンで開催された世界銀行、ＩＭＦの会議を対象としたデモまでの多くの出来事について被質問者に調査したことに基づくと、われわれは被質問者が以前の抗議集会に参加した度合いについての指標を作成できる[10]。

抗議集会参加者の四分の三が少なくとも何らかの組織に関与していれば、ほぼ同じ数——七三％——の人々は、グローバルな正義実現のための抗議集会に控えめながら参加していることになる。内実は半分強、すなわち五四％の人々は以前、そのような集会に一度も参加していない。集会参加者は中心的活動家層以外の人たちから誘われているばかりか、彼らはほとんどがグローバルな正義のための抗議活動には比較的新顔の個人であった。特にグローバルな正義のための過去の抗議活動に比べると、マロー公園の集会に参加した総数は少なかったが、抗議集会に対して全国的な懸念が強まっていた時期に新しい参加者を引き付けた主催者の能力は、運動拡大の可能性を示している。

表6.10　グローバルな正義のための抗議集会のいずれかに参加したことがありますか？（この抗議集会への参加の度合い）

	人数	%
非常に活発に	15	6
活発に	51	21
ほどほどに	47	19
受動的に	130	54
全体	243	100

B．目標

抗議集会に参加する最も重要な理由についての質問には、グローバルな正義を求める運動における競合する戦略を区別する明確なオプションが含まれる。このような質問を受けたとき、国際金融制度の廃止を抗議集会に参加した主要な理由とした被質問者は六％しかいなかった。他の二〇％は、国際金融制度を改革したいと思って集会に参加したと答えた。最も多かった答え（四二％）は、「現在のアメリカの外交政策に反対す

表6.11　あなたが今日この集会に参加した最も重要な理由は何ですか？（％）

国際金融組織の廃止	6
国際金融組織の改革	20
資本主義に抗議	18
アメリカ外交政策に反対	42
その他	14
全体	100

ること」であった。これより割合の少ない答え（一八％）は、「資本主義に抵抗することが集会参加の主要な理由」であった。

明確な選択肢を与えられると、資本主義反対の立場であるという割合はごく少なかったということが際立っていた。しかしながら、質問を設定する仕方によっては、集会参加者の見解を歪めて表現してしまう危険がある。事実、（質問の）選択肢は必ずしも十分別個のものとはなっていないのである。そのような選択肢のなかから一つ選ばせるように仕向けるのは、（選択肢の間の）相互連関性を曖昧にしてしまうかもしれない。それゆえ、自由回答式の質問事項であると、被質問者は自分の見解をよく考えて答えることができる。よく考えて答えた人は、グローバルな正義を求める運動が国際金融制度に反対する場合について報告されている以上に、選択肢について複雑に考える傾向を示した。

（グローバリゼーションに対する）改革主義者の立場も廃止論者の立場も、資本主義とアメリカ外交政策に反対する広範な抗議運動と密接な関係があると多くの参加者が信じている。この抗議運動を改革か革命かという二分法で解釈する人は少ないのに対し、ほとんどの人は自分の参加理由を何らかの手段としてではなく、社会全体の目的のためであると述べている。ある参加者は、「私は経済的、政治的、社会的強制がない世界を望んでいる」と答え、他の被質問者たちは、企業権力を削ぎ取ったり挑戦したりすることを強調し、経済政策決定における環境問題への関心を示した。またある人は、多くの回答に見られるテーマを受け止めて、民主的で、公正で、環境的に健全な経済のための運動であることを強調した。

自由回答の多くは、企業権力と資本主義の間に結びつきがあると断定している。一人の被質問者が言ったように、産業資本主義経済はグローバリゼーションの中心的なエージェントであるので、問題は密接不離である。同じように、多くの人がグローバリゼーションをアメリカ外交政策の変容と不可分であると認識している。国家権力をグローバリゼーションの結果、縮小しつつあり、多国籍企業や国際金融機関に主権を譲渡しつつあるものとして見るのではなく、被質問者たちはアメリカという国家をグローバリゼーションの活動的で干渉主義的な主体として見ている。アメリカという国家に焦点を当てると、グローバルな正義を求める運動が伝統的に掲げている関心事と、中東やコロンビアあるいはアフガニスタンにおけるアメリカの役割に反対する抗議活動を活性化しつつある人々との間の関係が見えてくる。このように二つの見解・立場を結び付けて見ると、世界銀行とIMFを対象に四月二〇日に行なわれたグローバリゼーションに対する抗議運動が、パレスチナ人の権利保護を求める大規模集会と急速に結びつくようになった理由が説明できるのである。

回答をくわしく説明させる機会を与えると、被質問者たちは劣悪な条件の工場、負債、人権については述べるが、貿易や保護主義については触れない。しかしこの傾向はアメリカのグローバルな正義を求める運動に参加する多くの人々に見られるものである。貿易や保護主義について触れないのは、多くの関連団体とともに、以前のグローバリゼーション抗議集会に実質的に関わっていたアメリカ労働総同盟・産別会議（AFL-CIO）主催の二〇〇二年四月の集会に参加していなかったためかもしれない。しかしながら被質問者の約三〇％は、自分たちが、役員や一般会員として労働運動に参加したと認めている。

C. 戦略

抗議運動参加者が、グローバルな正義を求めるデモへの参加経験と活動の程度に関して多様であり、運動の目標についての多様で複雑な見解を受け入れているならば、彼らは運動の戦略について幅広い態度をもっていることになる。

運動の戦略としての暴力について尋ねると、被質問者の約三分の二が暴力をグローバリゼーションに抗議する手段として否定している。それにもかかわらず、「平和と正義」に捧げられたデモで、質問された参加者の五分の一強が、暴力は正当な戦略であると答えたことは注目に値する。暴力は正当な戦略であると強く同意して答えたのはわずか四％であり、四七％は強く反対したこの調査の結果を大げさにいうべきではないが、このデータは抗議集会参加者の見解の複雑さを反映している。

被質問者の五分の三が、暴力について自由回答形式の質問に答えている。彼らのうちのかなりの人々が、いかなる状況の下でも暴力をありえないと答え、自分たちの立場を正当化するためにマハトマ・ガンジー、マーチン・ルーサー・キングあるいは宗教――キリスト教、仏教、フレンド派――を引き合いに出した。このように見ると、グローバルな公正を求める運動は、グローバリゼーションについて道徳的な批判を提起しており、認められる抗議運動の要素を区別していることがわかるのである。

他の被質問者は、暴力を認められないと答えたが、それはプラグマティックな理由に基づいている。暴力が道徳的に正当化されるかどうかにかかわらず、暴力を使うと、それは悪い形で宣伝されて、結局運動を危うくしてしまうと彼らは考えている。また別の人たちにとって、彼らが正当な暴力の行使と考えるものでも、メディアでは否定的に描かれ、そうでなければ一緒に協力してくれたり、新たに参加してくれるはずの人々を遠ざけてしまって運動の効果を減じてしまう可能性が高いものであった。かくして、一人の被質問者が書いたように、「(人の財産・物件に対する)暴力は正当であるが、あまり(自分達の目的のためには)役立たない」ものである。他の人々にとっては、暴力は国家による弾圧を引き起こす可能性が高く、運動を弱体化させかねないものである。ある被質問者が言ったように「暴力は別の暴力を引き起こす可能性が高い」のである。

表6.12 「暴力行為はグローバリゼーションに抵抗する正当な戦略である」という立場についてあなたはどう思いますか?(%)

強く同意する	4
同意する	16
同意も反対もしない	7
反対する	17
強く反対する	47
わからない	1
回答を拒否する	6
全体	100

暴力を正当なものと認めるか認めないかという二者択一的な質問に答えることにはためらい、その代わり、暴力の行使を判断するいくつかのレンズ(基準)を提案した人が多かった。暴力という言葉の定義、暴力が行使される対象・目的、暴力を行使する主体、他の抗議戦略の有効性いかんでは、暴力は場合によっては認められると答えた被質問

者も何人かいた。

グローバリゼーションが進行する状況の下で、被害を受けていると被質問者が認識している人々は、暴力を行使する犯罪者というよりも犠牲者となりやすいと指摘する被質問者も何人かいる。こうした被質問者によると、暴力は経済的暴力とか国家の弾圧にさらされている人々からの応答として正当性を得ている。「私は一度も暴力を行使すべきであると主張したことはないが、もし人々が飢餓に苦しみ、生命が危険にさらされているならば、私は暴力行使を理解する」と一人の被質問者は答えている。国家が非暴力的戦略を採用した運動を弾圧する場合、この正当性は高まることになる。こうした状況の下で、第一に物的資産に対して、ときには人間に対して振るわれる暴力は「自衛」として定義される「最後の砦」として信頼を得ることになる。「他の国々では(国家による)弾圧が抵抗運動を抑止しているのであり、暴力は権力の独占に挑戦できるのである」と一人の被質問者は主張している。

現在のアメリカでこうした戦略が現実的な意味を持つという考え方にはすべての被質問者が異議を唱えているが、他の状況では意味を持つという人もいる。「平和主義は一般的には名誉なことであり、われわれはこの抵抗運動では(非暴力という)平和主義を実行しているのであるが、すべての人が常に非暴力でいられるわけではないのである」と一人の被質問者は暴力という行為のもつ偶発性を強調している。

多くのものにとって答えは(暴力という言葉の)定義にかかわってくる。この言葉をよく調べて、支配集団によって不法と見られている意味を「救出する」ことは不可欠であると主張する被質問者もいる。「警察は今や、街頭に静かに座り込んでいることを暴力であるとみなすようになったのである」。最も一般的に言えば、人に対する暴力とは対照的に、物的資産に対する破壊行為は非暴力と考えられるのだが、その見方を愚かであると判断する人が多い。企業権力の象徴に対する劇的な行動、あるいは企業に打撃を与える可能性のあるボイコットや他の戦術を使って、物的資産を破壊することは権力を抑制する方法として必要であると、これらの被質問者は主張している。同様に、「市民的不服従」を正当な戦術であると是認し、この市民的不服従が結果として物的資産を破壊することになったり生命を奪うことになったとしても、この不服従を暴力の定義から除外する人々も多いであろう。

新しい常識を目指して

それでは潜在的な対抗イデオロギーについての事例研究によって付け加えられることになる知識とはどのようなものか。調査データは、有力メディアによる表象の定形がどの程度正確であるかを示している。たしかにグローバリゼーションに対する抗議運動参加者についてマスメディアが描く「ほとんどは若者で、高学歴で、中産階級」というイメージと、われわれの（データに基づく）証拠との間に強い相関関係がある。(11) しかしながらマスメディアの描き方は、年齢、マイノリティー・グループ出身の参加者、職業、所得レヴェルに関して上に述べた微妙だが極めて重要な特徴には触れていない。活動家たちが、国際組織がグローバリゼーションにおいて果たす役割に対してとっている態度のように、種々雑多な見解を抱いているという点で、参加者の重視することがらに関して不一致が見られるという（有力メディアの）描き方は確かに正しい。しかし抗議運動参加者を（グローバリゼーション）拒否派とみなすのは誤りである。ＷＴＯ、世界銀行、ＩＭＦなどの中核的組織は問題があるが、参加者たちは技術的進歩や人々の移動可能性の高まりなどのグローバリゼーションによる利益も認めている。

メディアによって描かれる参加者の横顔とは異なり、活動家たちは道徳的な観点からグローバリゼーション批判を推し進め、暴力を行使する戦略に不満を表明している。参加者のうちの少数の者は、暴力の正当性は偶発的なもの——場合によって暴力は正当化される——と信じているが、彼らは暴力すべてを認めている訳ではない。メディアの表象に見られる首尾一貫性の欠如という問題は、信念、態度、目標、戦略それぞれの間の相互連関性の問題でもある。一般的に、抗議運動参加者たちの広い価値観、グローバル化しつつある世界構造への批判、あるいはグローバル化を進める手段としての中核的組織の影響をめぐるさまざまな評価は、主体間で幅広く共有されている。これらの価値観、批判、評価という指標は単にランダムに集めたものではなく、完全に首尾一貫したものではないにせよ、概念枠組みのなかのこうした指標の間には緩やかな相互連関性がある。

それにもかかわらず、詳細かつ判別できるような（問題解決のための）課題が、抗議運動参加者の見解には見出せないのである。しかし（運動の）目標、戦略、戦術をめぐり他の分析者が確認した相違は、確かに参加者の反応には見られるのである。これはグローバルな正義を求める運動の強さなのか弱さなのか。強さの象徴として（さまざまな勢力の）結集を求める人もいるし、市民社会は多様性とさまざまなアイディアが保障されたときに力強く成長するのだという人もいる。

主要点を強調するならば、被質問者の視点はかなり複雑なものであることを示すとともに反省も表わしており、それはグローバルな正義を求める運動についてマスメディアの表現には滅多に含まれない特徴である。再度言うが、抗議運動参加者の見解は「反グローバリゼーション」という完全な拒否を表明しているのではなく、グローバリゼーションの特定の局面、特にネオリベラルな政策とこれを世界中に広めようとしている国際機関、を個別に拒否しているのである。

しかしながら驚くことに、調査データのギャップを埋め合わすための自由回答形式の質問に対する答えでは、雇用率の増大とか失業率、あるいはこれらと結びつくことがしばしばある諸問題、たとえば貿易と保護主義、後になって顕著になってくるテーマなどにあまり関心が払われてないのである。ここでもまた、原則とはいわないまでも優先順位をつけた上で厳選していることがわかる。オルター・グローバリゼーションを実現する上で、民主的な説明責任、富と機会の再配分、地域文化の尊重の三つが必要であるということについては一般的な合意が存在するのである。

こうした観察を通じて、グローバリゼーションへの抵抗運動が通った道筋のなかの特定の歴史的段階を集中的に検討することができるのである。主として経済グローバリゼーションを対象とすることから、グローバリゼーションの地経学的次元と地軍事学（ジオストラテジー）的次元を架橋することに焦点を当てるようになる過渡期の中心的な結節点が、この歴史的段階なのである。二〇〇二年四月の集会は、グローバリゼーションへの抗議運動と平和運動が交差するものとして開催されたのである。この二つの運動は、権力構造に対する批判を連動させて互いに力を強め合い、幅広い抵抗運動を統合することに貢献できたのである。運動のこうした展望について推測するのではなく、はっきりと究明するためには、さらに調査してアメリカ内外のいくつかの地点での測定と（グローバリゼーションの）歴史的過程の両方を明らかにしなければならない。

要するにこの分野の調査は、常識に関する概念と、この概念に関して暗黙のうちに理解されている知識を明らかにし、階層的に構築される学問的アプローチに取って替わる代替案を提供するものである。方法論的には、この調査は社会的背景という要素を強調し、下からの声（大衆の声）を引き出し、覇権を握っている主体の力と（グローバルな正義を求める運動の）活動家双方の言説を（社会に向けて）広めるのである。認識論的には、この調査は、抗議運動参加者の間で形成されている表面的な表象を乗り越え、こうした主体が対抗的表象を生み出すための政治的学習の流動的で萌芽的なプロセスに積極的に関っていく方法を見据えているのである。教育的には、こうした形の調査はイデオロギー的な表象と権威主義的知識について疑問を提起している。学生たちが聴衆から知識生産のアクターに変化するとき、グローバリゼーションへの抵抗運動は、もはや明らかに定義された分析対象ではなく、政治生活を再定義する上での流動的で進化して行く空間であることが学生たちには理解できるのである。学生調査員たちは、常識の意味が強力な組織や有力階層によっていかに生産され再生産されるのかを考え始めるのである。学生たちはまた、批判することに慣れた活動家や知識人たちが（社会に対して）仕掛ける挑戦についても考えるようになるのである。グラムシにとって、批判精神は単にわれわれの心に滲み込んでしまっている観念を拒否するばかりでなく、人々の自己再帰性の要素であり、新たな常識を生み出すものであるということを想起することが必要である。

異なった社会背景の下で、異なった方法論を使って、分析者は今や、日本社会において現われてきた（グローバリゼーションに対する）ささやかな抵抗運動に見られる新たなイデオロギー的側面に注目するのである。グローバリゼーションとオルター・グローバリゼーションの多次元的本質によって、イデオロギー形成のプロセスにおいてもっと細かな部分を具体化していく必要があるのである。

第7章　ミクロの抵抗に着目する

カギを紛失し、明るいところの方が探しやすいからと落とした場所ではなく、街灯の下で探そうとする男の寓話がある。[1] われわれは、学術的な仕事においても、慣れ親しんだ分野で研究しがちだ。したがって、グローバリゼーションへの抵抗についても、さまざまな国から何万人もの社会運動代表者らが集まる「世界社会フォーラム」(WSF)のような著名な都市での大規模なデモあるいは大衆集会とその地域集会に関心が集まりがちである。

前述したマクロの抵抗とは対照的に、ネオリベラル・グローバリゼーションへのもっと目に付きにくいミクロの抵抗が存在する。以下に取り上げるように、マクロとミクロの違いは明快な区分というより、むしろ抵抗の諸形態が呈している流動的な混合状況を解明していく上で役立つような思考を助ける区分にすぎない。抵抗に関する議論を展開する上で、私は日本での調査と個人的体験を参照していくことにする。いうまでもなく、個人史を含む経験知の活用は、ジェンダー研究に見られるように、社会諸科学へ橋渡しをしている。批判的法学、ポストコロニアル研究およびその他の人文科学諸分野に深く浸透しており、本章は、研究推進への有望な道筋をさし示す考え方をいくつか提供し、ミクロ的抵抗の展開に着目することにより、グローバリゼーションを巡る論議のさらなる深化を目的とする。

その検討は、グローバリゼーション研究の枠組みとなる主要な諸概念およびキーワードの定義を提示する従来的な方法により着手される。次に、さまざまな形態をとって展開される抵抗を類別することが、フーコーの「権力の毛細管」概念を用いて試みられる。さらに、従来的方法から離れて、日本の学生チームが直観をもとに行動し、研究の方向性への疑問を発して強力な洞察を生み出し、探求の方向を明瞭にした方法へと転換する。これを手がかりに、学生たちの研究班によって提起された疑問を私はさらに探求し、その分析から広範囲の結論が導かれることとなる。

グローバリゼーションへの抵抗に関する諸観点

前章までの諸テーマから、私はグローバリゼーションの概念を確立しようと試みた。つまり歴史的な説明を受け入れ、そのコントロールの及ぶ範囲を中心におき、世界大の社会階層の下層民衆、結局のところ人類の多数を占める者が遭遇することを含む観点を採択した。グローバリゼーションは、協調あるいは抵抗を生むということが主要なポイントである。

真っ向の対決では、抵抗が存在することは明らかである。たとえば、世界貿易機関の政策に対する一九九九年の「シアトルの闘い」、ワシントンDCでの抗議（第6章）、プラハでの国際通貨基金と世界銀行の年次総会における抗議行動、メルボルンとニューヨークでの世界経済フォーラム反対デモ、ソウルでのアジア欧州首脳会議（ＡＳＥＭ）やケベック市での米州サミット、そしてジェノヴァＧ８会合での衝突といった正面対決がそれを示している。けれどもデモやストのように公然と表明されるものと、より密かな抵抗の形態との間には重要な相違がある。この区別は際立った二分化をするためではなく、抵抗には異なる文脈の多様な組み合わせがあることを理解する入り口となる。グローバリゼーションへの抵抗は多面的であるだけに、その把握は容易ではない。適切な分析のためには、抵抗が何に向けられているのかを正確に指摘しなくてはならない。制度、規範、規則、権力システムないし現代文化に対してか？　そして何のための抵抗なのか？

さらに進んで、グローバリゼーションへの抵抗が一九九〇年代の米国のように持続する好況下でこそ広がりを見せたのだとすれば、日本の事例のような、深刻な景気後退と社会混乱にもかかわらず、なぜそうした抵抗が表面化しなかったのだろうか？　結局、その一〇年間に、日本は企業における確実な終身雇用制度が見直され、二〇〇二年までに公式失業率が倍増して戦後混乱期以来最高の五・五パーセントに達するといった変化に見舞われたのである。失業問題の深刻化とともに進行したのが、外国人労働者の急増だった。その日本社会においては、主流の文化とは相違が際立つ在日コリアンや先住アイヌ民族と沖縄人、さらには被差別部落民の存在にもかかわらず、「単一民族国家」の神話が一般化しているのである。所得格差は一九九五年と二〇〇〇年の間に五割近くに広がり、階級格差は増大している。しかし、なぜグローバリゼーションに抗して劇的な抗議がなされなかったのだろうか?

その主要な説明の一つは、場所と空間の地理的諸概念に見出されるだろう（たとえば、Pile and Keith 1997; Sharp *et al.* 2000; Routledge 2000）。グローバリゼーションへの無数の形態の抵抗は、そこに限定されることなしに場所を基盤とし、空間を占める。それゆえに、抵抗は、しばしば分散しながらネットワークを通して、いくつかは埋もれて空間的広がりを持っている（Keck and Sikkink 1998; Melucci 1985）。あるいは、ネオリベラル・グローバリゼーションへの抵抗は、無形のものかもしれない。さらに、ヘゲモニーへの抵抗が存在するのと同じように、抵抗の内側にヘゲモニー的傾向が存在する。抵抗する勢力が存在するだけでなく、抵抗の内側の勢力が少数のグループや異議を唱える者たちを抑圧するかもしれないのである。

すなわち、抵抗は権力関係に関わっている。検討したように、抵抗はグローバリゼーションに対する一つの応答だけでなく、グローバリゼーション自体と不可分の関係にある。驚くまでもなく、最も理解されていない抵抗のタイプは、隠れた、しばしば表面下の無数の場所で発生するミクロで多様な形をとる。ミクロな抵抗は、ネオリベラル・グローバリゼーションの実現性と持続性に関して疑いの波紋を投ずる無数の多様な行動と信念を指している。抵抗のミクロな形態は、バブル崩壊のあとに日本で例示されたように、フーコー的レンズを通して見られるだろう。この事例は、おそらく、グローバリゼーションでの一連の危機の先駆けであり、そして、二十一世紀を通して広範に見られる一つの特徴になるかもしれない。最終的に、ネオリベラル・グローバリゼーションに対するミクロとマクロの抵抗の区別の重要性は、メディアとほとんどの学術的言説に代表される公開討論のように、運動やネットワーク、そしてときおり、フランスの文化産業補助金のように国家政策などを装ったマクロな抵抗に焦点を当てるところにある。とはいえ、ミクロの抵抗は、世界のいくつかの地域では一般的なパターンであり、まだ適切に把握されていない方法でマクロの抵抗と絡み合っている。ミクロとマクロの相互作用は、ミクロの抵抗がときおり、文化的および象徴的領域において眼に見えやすい政治的抵抗の制度上の側面へ向けて、インスピレーション、エネルギーおよび交信などを提供するときに表われる（Melucci 1996：113–17）。実際には、ミクロとマクロの抵抗は、それを説明するのにフーコーの枠組みが役立つような複雑で多様な方法によって混合している。

フーコー的抵抗(2)

前の諸章で導入したテーマを取り入れるために、ポランニー（1957）、グラムシ（1971）およびスコット（1990）のような抵抗について探求した理論家たちと比較してみると、フーコーは権力について広い見地に立ち、また政治については極めて幅広い観点を採っている。(3) フーコー的レンズが独特なのは、抵抗および権力と抵抗の隙間の知られざる結びつきの範囲を定める方法に見られる。彼は、主体としての人間の身体を構築するためにどんな方法で権力が行使されるかを解明したことで知られているが、抵抗概念については詳述していない。フーコーの著書『性の歴史』（1990:95–7; 渡辺守章訳、第一巻、一二三－五頁）での明示的な短い記述を除いては、彼は抵抗については少ししか触れていないので、彼のさまざまな著書（1977, 1980, 1982, 1990）の難解な関連記述からこれを推定しなくてはならない。分散的かつ断片的ではあるが、抵抗に関するフーコーの考え方は、首尾一貫して彼の権力概念に結び付けられている。

彼は、秩序が構造化されていく方法としての社会における権力関係、知識および諸制度を重視する。フーコーにとって権力は、単に関係的であるだけでなく、第1章と第2章で論じたように、根本的に抑圧的で懲罰的でもある。権力についてのメタ理論を避けて、フーコーは知識としての権力が人間の従順さを誘発したり強制することができるのとちょうど同じように、知識が行動主体に自己の実現を正当化させうると強く主張する。

権力が毛細管状に循環するように、抵抗もまた毛細管のレベルで作用する。この比喩において、循環系は血液の主な導管である動脈と静脈から成り立ち、そして心臓はこのシステムを通して血液を送り出す。しかしながら、このシステムは、細胞に実際に身体中に血液を送らせる細かい血管、毛細管がその大部分を占めているのである。それと同じように、フーコーは権力の伝達手段、つまり、規律された主体を確立しようとする権力が伝達される場所を検討する。権力は社会関係のなかで生命力としてそれを維持するか、あるいは、それとは逆の社会秩序を攻撃する対抗権力として、局所的に作用する。換言すれば、身体の生命力は、規律的（統制的）権力に直面して抵抗の基本的資源になる。それゆえに、『性の歴史』の第二巻と第三巻では、覆い隠された権力による性の知識構築と身体との闘争のいきさつが記述されている。

では、規律的権力から逃れることは可能なのか？　規律的でない権力関係を制度化することは可能か？　フーコーはどこまでオルターナティヴな展望を提示したのか？　確かに、彼は研究者が注意を集中すべき手がかり、つまり抵抗についての他の諸分析に示されるのとは別の論点を次のように提供する。

もし権力の規律的でない形を求めるなら、あるいは、むしろ規律と規律的権力に対する闘争を探し求めたいのであれば、主権という旧来の権利へ向かうのではなく、権利の新しい形態の可能性、つまり反規律的、しかし、同時に主権の原則から解放されているものでなくてはならない。（Foucault 1980 : 108）

したがって、もし規律的権力が「組織的な多様性」として構成されていれば、対抗権力はそれらすべての諸力から生ずるのであり、「支配したいと望む権力へ抵抗する反権力的な諸結果――暴動、反乱、自然発生的な組織づくり、共同謀議――を、つまり水平的な結合に属しうるすべてのことがらを解消しなければならない」（Foucault 1977 : 219; 田村俶訳、二二〇頁）。抵抗の多様な種類を判読するためには、権力関係のネットワークを調べなくてはならない。より具体的には、フーコー的分析は、権力への抵抗の諸点、つまり「諸戦略の対立」として解読されるものを探し出すのである。フーコー自身の検証によると、それは、いかに諸制度が構成し、またそれらが統治する諸個人の身体によって構成されるかも含んでいる。

可能な限り簡潔に要約すると、もし抵抗が権力を伴いかつ権力から生じるのであれば、そして、もし権力が膨大な多様性を形成する一つの流れとして最もよく理解されるならば、抵抗そのものは多様であり、したがって、極めて拡散し、しばしば局所に限定されるとフーコーは主張する。驚くまでもなく、フーコーの批評家たちは多くの反論を提起した。たとえば、彼の権力概念は不明瞭ではないか？ もし権力が遍在するのなら、何を除外されるのか？ 加えて、フーコーは戦略的モーメント（実際の諸戦略の実用性）については沈黙しているだけでなく、なぜ特定の人々が抵抗するのか説明していない（Pickett 1982：207）。彼は、いかにして抵抗を積極的なものにして、「身体と快楽の新しい経済」に近づけるかという提案に踏み込みはしない（Dreyfus and Rabinow 1982：207）。さらに、たとえば、テロリズムのような行動が抵抗の名において正当化できるのかどうかという問題もある（Pickett 1996）。

フーコーの批評者たちは重要な点を提起しているけれども、彼の貢献は、彼が述べているように、社会秩序のなかに隠されている権力の正体を暴き、またその同じ秩序のなかで抵抗も展開されている、ということを示すことにある。対抗権力は、主体に規律を与えて従順にする社会秩序の能力を取り除く。抵抗は、権力と対抗権力が正面から向き合う場所に出現する。もし権力の毛細管が権力が身体を規律しようと働きかける（諸）空間であれば、そこは権力とせめぎ合う抵抗が出現する場所である。個々の身体は、競合の場所である。

抵抗は、フラットで権力関係の非階層的ネットワークであり、そして、抑圧的権力を変えるために一つの「ローカル知」を創造するというのが、フーコーの洞察である。身体そのものの生命力は、その内側から社会的生産および再生産を規制する「生－権力」を確立するだろう、と彼は示唆している。加えて、フーコーの示したものには抵抗の知識（それは格別、計画に従った指導や手引きとなるものではないが）、オルターナティヴな知識、主観性、闘争の場としての身体の生命力などの強調を含む無数の戦略があり、それらの点のすべてが日本のグローバリゼーションの経験のなかに認められるかもしれない。

日本における抵抗へのフーコーの共鳴

二〇〇〇年、私は京都の立命館大学で「グローバリゼーション」という主に三年生むけの学部講義を担当した。最初の授業で、それぞれ四、五人の学生のチームを作り、日本においてグローバリゼーションへの抵抗が表われる具体的な問題を調査する課題を出した。当初、一、二名の学生が、むろんきわめて控えめながらも、日本はグローバリゼーションに反対していないといってこの課題に抵抗を示した。京都、ましてや東京の流行先端地区に明白なように、若い世代の生活習慣とグローバル文化の所産が受け入れられているさまを見るがよい。

日本ではグローバリゼーションに対する大規模な抵抗運動は起きなかっただけではなく、この文章を執筆するにあたり私がインタヴューした活動家や官僚によると、大規模な抗議行動の計画もないという。一九九一年以来の日本経済の急落に伴い、金融機関ほか多くの資産の外国資本による買収、かつての多様な保護貿易的障壁の撤廃、そしてさまざまな側面での社会の不安定化が、厳しい国際競争に直面して不可避であるといわれているにもかかわらず、こうしたグローバリゼーションに対する表だった抵抗の不在という、明白な事実はいったいどう理解できるのか。

その理由の一部には、グローバリゼーションのおかげで日本文化の諸相が輸出製品になったことが上げられるかもしれない。なかでも、植民地時代の負の歴史にもかかわらず、日本の大衆エンターテイメント、特に音楽は韓国はじめ他のアジア諸国で若い人たちに人気がある。アイデンティティの溶解や制度の崩壊といったポストモダンのテーマをしばしば強調している「マンガ」（子どもたちだけでなく、大人も読む大判の漫画雑誌）やアニメ映画の独特なスタイルが利益や影響力とをもたらした。この点に関して、日本はグローバルな産業から利益を得ただけでなく、多少ともハリウッド映画のヘゲモニーに挑戦したといえよう。

それにもかかわらず、この国における抵抗の長い歴史を思い出すとき、グローバリゼーションに対するもっと明白な抵抗が存在しないことは不思議だ。実際、アジアと太平洋戦争における十五年戦争（一九三一―一九四五）の間、日本の全住民が受け身であったわけでも従順であったわけではない。軍国主義の残酷さを伝える立命館大学国際平和ミュージアムが明示しているように、日本の文学者、芸術家、映画制作者らはこぞって植民地主義と戦争に鋭い批判を加えた。一九四五年以後も、一九六〇年代までの高度に政治性を帯びた労働運動、一九六〇年代末から地域的に、そして後に脱国家的に活発化した環境保護運動、一九七〇年代初期までの（フランスや合衆国と同時に起こった）学生運動の盛り上がり、戦後を通じて、とりわけ労働者や学生、女性たちなど、人びとの間に広がった全国的な反核平和運動に至るまで、多くの日本人が表だった抵抗運動に従事してきた（Sakamoto 2001）。この抵抗は、しかしながら、運動それ自体としてグローバリゼーションに抵抗するものではなかった。けれども、なぜ不満を解消すべく立ち上がった生きた記憶を持っている国にもかかわらず、グローバリゼーションに対する抵抗は無言であるのか？

日本の歴史のことを気にかけつつ、私は学生たちに抵抗の意味についてさらに深く考え、日本の経験にもっと着目し、そして課題図書資料を読み込むことで、特定の事項に関し、手堅く実証的な研究を実施するよう奨励した。同時に、私は基本的な研究方法がすでに確立されている理論体系によって学生を縛ることを避けようと努めた。「語り口の罠」（Shotter 1993：26-31; 本書第4章）についての認識の検討を念頭におき、学生たちに前もって決定された理論的な見地に拘束されないよう配慮したのだった。そうだとしても、学生たちの存在自体が教育制度や権力の他の諸制度の所産なのであるが。

それでもやはり、私はそれぞれの研究チームがいつどのようにその事項を選択したか正確には知らないが、つまるところ直観が一定の役割を果たしたことは疑いない。直観という、デカルトや他の哲学者によって綿密に検討されてきた知見への到達手段が、ここでは調査者を囲む世界に関する命題を把握するうえで、知的な機能を意味するために使われている。この能力は生まれつきか先天性のものと信じる人もいる。知識にいたるこの道筋を思いかえして、ウェーバーは「仮説として現われ、後に『確認される』想像力の直観的なひらめき」(1949：176; 富永祐治・立野保男訳・折原浩補訳、一一二頁)に信頼性を与えた。

学生たちの想像力を反映して、レポートの六つに三つが権力の場所であると解釈される、身体に関係する問題に焦点を当てたものだった。[4] この授業でフーコーの著作を取り上げることはしなかった。私はそれらについて言及しなかったし、気がついた限り、学生たちはフーコーについてよく知らなかった。学生たちの半数は、「直観的に」フーコー理論が到達する目的地を彼ら独自のルートで見出すとともに、場所に根ざしつつも場所に制約されない方法で、その理論を展開し適用したことは確かである。

「日本の女性たちへのグローバリゼーションの影響と彼女らの反応」(Ikeda, Lopez Rello, and Lundh 2000)という優れたレポート作成にあたって、学生たちは売春婦、ホステス、そして在日コリアンと日本のフェミニストにインタヴューし、またアンケートを配布した。インタヴューとアンケート調査は、直接女性たちに影響を及ぼす越境的セックス産業のようなグローバルな人の流れに関する見解を引き出した。日本のある教授は、大阪府内にも拠点がある「アジア観光における子ども買春根絶国際キャンペーン(ＥＣＰＡＴ)」と称する国境を越えて運営するネットワークに従事する、ある活動者を研究チームに紹介した。学生たちの解明したことは、買春の相手をさせられる子どもたちがその家族を食べさせていることを誇りにしていると表明しており、そしてある場合には、明治時代の日本のように、現代の東南アジアの一部でも国家の開発戦略が売春を促進してきたことだった。今日のセックス産業は「グローバリゼーションのもたらす過酷な状況をいかに緩和するかという、より大きな問題の一部である」と学生たちは論じたのである。この研究チームは、市場統合の高度化が女性たちの利益と人権を前進させる可能性をもつものの、「崩壊し始めているのでなければ変化し始めた」日本経済をグローバリゼーションに適合させる必要があると、楽観的な調子で結論づけた。

学生たちの他の二つのグループが選んだテーマは、フランスのごく小さな町ミヨーで一九九九年に羊飼い農民ジョゼ・ボヴェがマクドナルド店舗を破壊したという、これもまた劇的に表現された基本的で極めて重要な身体作用にかかわる問題である「食」についてであった。抗議運動側の観点では、マクドナルド社は、小自作農の土地を管理する自由の剥奪、遺伝子操作作物の販売を促進する農業の世界市場システム、そしてフランス文化の中核である食品に関するWTOやEUの貿易政策を象徴する存在だ。ボヴェによる抵抗の記録(テクスト)『地球は売り物じゃない!――ジャンクフードと闘う農民たち』(Bové and Dufour 2000)はフランスですぐにベストセラーとなった。[5]

ここ数十年の間に食品市場は世界貿易システムのなかに統合され、大きく変容をとげた。全国的に知られた製品、そして次にグローバルな製品がローカルな商品に取って代わり、価格構造と消費パターンも変化した。これは健康へも根底から影響を及ぼしている。これについて何かよくないことが起こるという予感から、学生研究チームは「日本の遺伝子組み換え食品に対する抵抗」および

「WTOと農産物（コメ）」についてレポートを準備した。前者のレポート（Arai, Inoue, Otsuki, Takayanagi, and Yamagishi 2000）によれば、異なる種を含む他の組織の遺伝子を用いて植物の改良に取り組むバイオ・テクノロジー産業への政府の助成措置にもかかわらず、日本の食品会社の数社は、遺伝子組み換え食品について公式の意見表明あるいは政府批判を通して公衆の関心を引く責任を感じていた。たとえば一九九七年に、太子食品産業は、「われわれは決して遺伝子組み換え作物を原材料として使わない」と表明した。同じように、一九九九年、日本最大の醤油会社、キッコーマン社はその「丸大豆」シリーズで原料大豆を変え、非遺伝子組み換え食品ラベルを貼った。こうした圧力は大規模な大衆デモからではなく、消費者、ことに日本消費者連盟や酪農家によって共有された問題関心の表明によって生み出されたのだ。かん高い声として表明されるわけではなくではなく、インタヴューであっさりと引き出される消費者たちの懸念は、遺伝子組み換え食品に関する安全の不確実性、自然をいたずらに加工することについての倫理問題、そしてマスコミ報道と広告のあり方に集中している。

同様に、もう一つのレポート（Kontani, Kawada, and Uemura 2000）は、日本の農民と消費者によるもの静かな形の抵抗の事例を詳述している。当然ながら、日本の米作農家は、厳しい国際競争に直面することを望まず、自由化に反対である。その上、国際市場への開放は、稲作が主要な役割を担う彼らのアイデンティティ、そして自然および文化的・精神的な遺産との結びつきに対する脅威であると見なされる。海外との競争と機械化技術が、それに付随する生活様式と価値観とともに、家族だけで経営している農業の崩壊を意味しているのである。多くの日本の消費者にとって、輸入米は美味しくない。(合衆国や他の産地から輸入されたマクドナルドなどのジャンク・フードを、その輸送コストを含めて批判し、ボヴェは「悪食」(la malbouffe)という語を使った)。さらに、ほとんど規制していない国で用いられた殺虫剤は健康上のリスクを与える。基底にある問題は、政府とWTOの自由化促進政策が文化的な尊厳、食糧安全保障および環境保護に関わる点である。

全体として、これらの主題にわたる学生たちの鋭い研究は、一つの主要な理論化されていないパターンを発見している。[6] つまり、意外にも日本はグローバリゼーションに対して顕著な衝突を経験しなかったものの、それに対する実質的な、そして極めて多彩な抵抗が存在するということである。抵抗は何通りもの異なる形式が組み合わさったものとなり、そのいくつかは西欧における種々の抵抗とは異なっていて、日本独自の形式も多様で、そのことも強調しておく意味がある。以上のように、学生たちは経験的な研究に重要な指針を提供したのであり、私はそれを支持した。

バブル後における抵抗の日本的表現

明らかに、二十一世紀初頭の日本における論調の主流は、政治的および経済的ナショナリズムに関わるものとなった。ナショナリズムが復活し、それを「天皇主義」と呼ぶことさえある。憲法第九条(再軍備の禁止)および第二次世界大戦で日本を侵略国とする歴史記述の双方を修正するような一連の問題に集中して多くの国民的論議が行なわれている。解雇の日本的表現である「首切り」

が行なわれるときには、国民は経済改革（リストラ）を誇りにすべきで、経済強化に彼らが協力しているのだと追い出された従業員に信じ込ませることで、企業側はその行為を正当化しようとする。それでも、封建時代の遺制である派閥主義と官僚制の上に成り立つ日本の経済と政治システムに対して国民の相当部分が不満を感じている。

この自明な不満は必ずしもグローバリゼーションに向けられたものとは限られないが、グローバリゼーションに対して怒りを表わす諸個人と諸集団がいるのも確かである。セックス、ジェンダーと食は、国境を越えた次元をもつ捉えやすい問題である。日本の女性たちは、他の諸国に及んだ性的暴力とその歴史的な遺産である「慰安婦」、つまり第二次世界大戦の性奴隷への国家補償の失敗といった国家の問題についてはっきりと関心を口にする。諸外国のフェミニストや平和活動家と手を携えて、「「戦争と女性への暴力」日本ネットワーク」（VAWWNET-JAPAN）というＮＧＯは、日本軍の性的奴隷制に関する二〇〇〇年の女性国際戦犯法廷を組織した。これは国際的に著名な裁判官および被害国（中国、台湾、フィリピン、韓国、北朝鮮）の代表たちの参加を得て、第二次世界大戦時の女性に対する犯罪のかどで日本政府を裁く民間法廷だった。(7)

ジェンダーの越境問題、たとえば、アジアの肥大化するセックス産業における移民女性たちの役割を、地域統合やグローバリゼーションへの抵抗に固定する努力がなされてきた。この関心は、変革をもたらす力のある、参加型民主主義を目標にして、一九八九年にアジアにおけるさまざまな運動ネットワークとＮＧＯによって設立されたピープルズプラン21（ＰＰ21）の課題の柱となっている。一九九〇年代には、さまざまな会議とワークショップ、インターネット通信と南アジアなどでの地域ネットワーク設立を含めて、国境を越えた民主主義の考えに生命を吹き込む多数の試みが展開された。しかしながら、新世紀の幕開けにＰＰ21は困難な時期を迎え、今やその勢いは下降気味である。香港に置かれた事務局は調整に困難をきたし、ＰＰ21の活動は草の根レベルを主とするよりも、ＮＧＯとして展開されてきた。それにもかかわらず、別の視角からみれば、ＰＰ21の理念が多くの人びとに共有されるようになったと言うこともできよう。このグループに限ったことではないが、ジェンダーと民主主義の課題への取り組みは、その実現のために国境を越えた連合を必要としている（Inoue 2000; Muto 2000; PP21 2000）。

また女性たちは、食糧安全保障と生態学的均衡の尊重へ向けた運動において活発で優れたリーダーシップを発揮してきた。これは生産の技術について社会的制御を主張すると共に、消費の方向転換をも促がすものだった。これに関わる一つの事例が、特定の状況を大きく超えた意味合いを持つネグロスでの取り組みである。

国際砂糖価格の急落とフィリピン・ネグロス島のプランテーション閉鎖という事態に対応して、日本ネグロス・キャンペーン委員会（ＪＣＮＣ）は一九八六年に発足した。同時期にフィリピン全土に広がった抵抗運動は、フェルディナンド・マルコス大統領を退陣に追い込み、また多数の農業労働者がアシエンダと呼ばれる大地主の農場を占拠して農地改革を要求した。ネグロス農民のグループと日本で消費者生協の支援をうけたＪＣＮＣとが、農民の労働条件改善と、スーパーにならぶ農薬・添加物まみれの食品に代わる有機食品を求める消費者の願望という、双方の問題に取り組むことになった。両者はともに、日本人の好みに適したバランゴンバナナを選択した。この食用作物は、生産者の常食とはされておらず、地元の市場にも影響を及ぼすことはない。社会に埋め込まれることなく一人歩きするネオリベラル市場モデルとは別の選択肢を求める上で、このバランゴンバナナは象徴的な意味を引き受け、触媒の役割をはたした。低賃金労働者によって生産された、大型で標準的な形で明るい黄色の化学的に処理された品種とは異なり、小ぶりで甘く有機栽培であると広告に描かれたバランゴンバナナは、生産と消費の関係を作り直すという革命的方法の象徴になった。スーパーマーケットでの価格の二、三倍の値がつけられたバランゴンバナナは、北から南への価値移転という従来からの方向転換を表わしている。ネグロスで自力更生農業支援基金にあてられる価格上乗せ分にもかかわらず、このバナナに対する需要は供給を超えている。台風や病虫害発生、武装ゲリラ活動による妨害、経営上の手違いなどの足踏みはあったが、支援基金の受益者でもあるバナナ生産者たちは、平均世帯収入がそれまでの月五〇〇—八〇〇ペソから一九九〇年代初期には一五〇〇—二〇〇〇ペソと増加し一日三回コメを食べられる状態への食生活と住居の改善、そして医療や学校教育も受けやすくなるという経験をした（Hotta 2000; Hotta 近刊）。

日比双方の代表者が集まった東京での会合において、ネグロスからの小規模農家、日本の主にサービス部門の労働者、そのほとんどは中産階級のより低い層という出席者の顔ぶれに私は衝撃を受けた。これらのグループは、市場経済ではなく市場化された社会に共同で抵抗しようと努めてきた。

彼らは政府による仲介ぬきで、生産と消費の回路の自主的な制御を確立しようと試みたのである。信頼と相互支援に基づく社会的・政治的な関係性が貿易を超えて一般化されるよう、この事業では二つの共同体の間で相互訪問が重ねられている。この戦略は、一方では自決と自治の原則と、他方、主権の基礎として謳われた領土権の原則に取って代わる取り組みとを和解させる一つの方法である。

それにもかかわらず、結局のところ、ネグロスでの取り組みの影響は限定されている。ネグロス島の二〇〇〇家族のみがこのバナナ貿易の恩恵を受け、日本の全バナナ輸入量のごく僅かな部分を供給して、せいぜい六万五〇〇〇人という消費者に役立っているにすぎない。だが、従来の食品流通の外にあって地域に根ざす有機生産者と結びついた一二〇〇万人の会員に支持されて消費者生協は急激に成長し、すでに場合によってはスーパーを脅かす存在となった。日本ではその多くが地元向けの有機農産物は、一九九四年までにほぼゼロから全食料生産額の一四パーセントに上昇した(Hotta 近刊)。「オルター・トレード・ジャパン」(ATJ)は、単に「オルター・トレード・フィリピン」との協力関係を結んだだけでなく、日本軍国主義に苦しんだフィリピンと同じ経験を持つインドネシアからのエビと、タンザニアからのキリマンジャロコーヒーを輸入する同様の事業を開始した(Hotta 2000)。同じくその頃、「自由貿易」に抵抗するATJを含んだ先進工業諸国の公正貿易(フェアトレード)グループが、そこに拠点をおく他のオルターナティヴ・トレード・グループや発展途上諸国のグループとの交流を深め、農業だけでなく手工芸産業のような種々の部門にも活動が及ぶ国際オルターナティヴ・トレード連盟を設立した。要するに、ネグロスでの取り組みから学ぶべきことは広い範囲に及んでいる。この先行事例を一般に当てはめて考えれば、他の取り組みの可能性も大きく広がっていて、全般的に言えば、ときに重大な問題を抱えている場合もあろうが、マクロとミクロの変種を混ぜ合わせて進化する抵抗の倫理を象徴している。

世界のドラマ

「オルター・トレード・ジャパン」の指導者は、学問の世界からではなく、演劇活動の経験を持って劇場から登場し、ネオリベラル・グローバリゼーションの政策枠組みに抵抗している。けれどもその成果は、世界の舞台で着目されていない。いま注目を集めているのは、主として、特定のグローバル・シティで著名な運動家たちが、街頭でデモを繰り広げる闘士の役を演じ、国際通貨基金（IMF）など国際機関への抗議活動を先導する劇や、別の舞台での熱狂的支持者たちによる権力者の意向にそった宣伝劇であり（Friedman 1999; Ohmae 1999; Micklethwait and Wooldridge 2000）そこには批判的なあるいは対抗的ともいえる評価もまた存在する（Gills 2000; Klein 1999; Starr 2000）。今日、「シアトルの戦い」は、多様な市民グループの連合によるグローバル化しつつある経済への政治的介入という、グローバリゼーションにおける新たな力学のきざしとなるマクロな抵抗の衝撃的な象徴となった。これらのグループは、日本を含め多くの異なる地方から大規模抗議行動が開始されたシアトルや他の都市へと集まった。しかし、左派と右派の橋渡しをして、交渉テーブルに席を要求する人々と、その交渉テーブルの破壊を望む人々とを一緒に行動させるような舞台ができなかったのはどうしてなのだろうか？

その問いへの答えは、マクロの抵抗へ焦点を当てると、強力な組織、明白なプロセスや世界経済フォーラム（WEF）のような重要な舞台に注意を引きつけられるということである。しかし、それはミクロの抵抗を見過ごし、ミクロとマクロの相互作用という重要な問題に対して沈黙してしまうというリスクを伴うのである。

これまで論じてきたように、フーコーの分析枠組みは、十分表面化されてこなかった抵抗行為を含めて、観察をミクロのレベルへ移行する。フーコーの論点を取り上げると、ヘゲモニー的な権力は、規律された諸個人を形成することで——ほぼ間違いなく日本における権力構成のように、市民社会諸制度のグラムシ的領域（さまざまな自発的結社や宗教制度など）のなかも含めて——たとえ市民の怒りがより用心深く表現されるとしても、彼らの抵抗の表立った噴出を抑え込むだろう。もっとも、日本の家族、学校や宗教といった制度は、順応志向の社会のなかで規律を守らせる力としての役割を果たしてきた（たとえば、京都での私の学生の一人が課題として指定した論文の批判的な評価を私が求めたとき、「私たちは普通であるようにと教え込まれているのです」といって難色を示したこともあった）。

こうした議論は一九四五年までの日本の歴史の一般的な方向を説明するために使われるかもしれない。しかしながら、戦後期には、過去に対する批判的な対応としての労働・環境・学生・反核平和運動のすべてが、多様でありながら、家父長的干渉政治にもかかわらず政府にしばられにくく、より自律した人びとを生み出すのに役立ったのであり、それなくしては、当初は米国の占領中に押し付けられた民主主義が日本に根づくことはありえなかったのである（Sakamoto 2001; Nakatani 巻末参考文献）。

反核平和運動は同時に軍備撤廃運動であり、民主化運動でもあった。それらは外交政策立案に民衆が影響力を行使できるようにすることを目指したからである。この重大な条件が不在だった時代に、日本の民衆は、軍国主義の下で戦争の加害者と犠牲者両方になっていたのだ。（Sakamoto 2001）

現在のところ、特に秩序が維持されている状況では、こうした民衆運動は平穏な外観を呈し、活動を停止したように見える。けれども、「いちばん騒ぎ立てる行為者だけが最も本物の存在だと信じてはいけない。そこにはより静かな人もいるのだ」（1980：38）とブローデルが適切に表現するように、表面から掘り下げてみなければならない。日本では、国家権力が特にその正当性に関して危機に瀕しており、与党自由民主党と政府の官僚の社会的信用が下落している。家族や学校制度といった規律を維持してきた仕掛けが急速に崩壊している状況で、平穏はただ外観だけで、表面下の現象ではないのだろうか？　このアノミー（社会的規範消失状態）は、若い人たちの間でとくに顕著になっており、そしてまた坂本（Sakamoto 2001）が指摘したように、一方でナショナリズムの再興、他方で国境を越えた連帯の模索といったことを含むアイデンティティを巡るせめぎあいに結びついている。

それでも、グローバリゼーションが大きな利益を日本にもたらしたという事実を見失うことは重大な誤りであろう。国際競争が多くの消費財の値下げに結びつき、そしてネオリベラリズムが国家公務員削減に貢献した。政治と企業の癒着した権力構造による「合法的」な汚職への関与を含む多くのスキャンダルにまみれた国家公務員の削減は人気対策となった。

にもかかわらず、本書で検討した枠組みを用いれば、グローバリゼーションの暗部に対するはっきりと目にみえない抵抗について鋭敏になる。多分それは、社会科学に長年頑固に浸透しているカテゴリーのいくつかを曖昧にする、グローバリゼーションへの抵抗についての異なる思考の方法を提供している。加えて、この枠組みは、その部分部分がわかったから全体を理解したつもりになる錯誤に陥ったり、また経済主義と構造主義のように行為主体を追放し、彼らの歴史を自ら叙述することを許さないという落とし穴にはまることを避けるのである。この枠組みは、小世界を誇張したり、あるいは多様性をポストモダン的に賞賛するような退歩的抵抗に対して盲目的になることを決して含意していない。むしろ、この枠組みは、グローバリゼーションへの抵抗の多くは散在し、差異化しており、私的であり親密でもあり、個人的であると同時に公共的でもあるということを示している。またそれは、この抵抗はローカルなものであるが、世界の他の地域の応答と並行して、あるいは調和していることを示すのである。世界のドラマの主要な側面は、シアトルの劇場のような劇的な盛り上がりのなかにあるのではなく、生活様式のなかで、それも多くはリハーサル抜きの即興の場面に見出されるのである。

私の論点は、もしわれわれがフーコー的視点を延長すれば、バブル後の日本のように、明らかにグローバリゼーションへの抵抗は、かなりの程度、極めてミクロなものであるが、マクロの意味合いが込められたパターンを示すということである。もしそうであれば、次のステップは、ミクロの抵抗とマクロの抵抗が媒介される多面的な方法を把握することである。これは、行為主体者たちがこれらの構造の間へ時間と空間を圧縮することに力を与えるのか、それともそのことに無力化されるのかという問題である。

横断的な抵抗の多様な形に焦点を当てることによって、われわれは、いっそう分散的で系統だてられない姿の権力を読み取ることができる。そのうちに、一つのパターンが際立ってくる。つまり、学生たちと私自身の研究双方のすべての事例が示しているのは、ミクロの抵抗は、何らかの方法ですでにマクロの事業あるいは企業の権力にさえ結びついたものであった。たとえば、オルター・トレードは、抵抗の当事者であると共に登記された企業でもあり、法律に従うとともに国家に税金を支払っている。生-権力の多義性のなかには、おそらくフーコーが示唆した以上に多義性が存在する。実に、生-権力は弱者によっても、強者によっても行使されうる。根本的に研究の優先事項は、日本における抵抗の文化的かつ制度上の媒介に関する私の研究を越えて、グローバリゼーションという歴史的変容過程において、中核的な位置を占めるさまざまな抵抗の間の一連の媒介の全容を解明することである。その変容のさまざまな可能性は、オルター・グローバリゼーションの多様な形態のための空間を開くことでもある。

Ⅳ　変容の可能性

第8章　オルター・グローバリゼーション

負けん気の強いマーガレット・サッチャーがかつて「ネオリベラルなグローバリゼーションの代替物はない（There is no alternative）」と述べた[1]。ＴＩＮＡとして知られるこのスローガンは、現在の形のグローバリゼーションは今や十分定着したものになっているということを意味している。果たしてサッチャーの認識は正しいのだろうか。

否、彼女の認識は全く正しくないのだ。なぜ正しくないのかを理解するためには、目の前で起こっていることが不可避と思われることであっても、それを乗り越えようとすることが必要であり、ブローデルの「長期持続（*longue durée*）」の視点を導入しなければならない。グローバリゼーションが将来どのように展開していくかを見切る長い地平線――グローバリゼーションの現在の性格にとって代るもの――を考えなければならない。

もしグローバリゼーションを巨大な破壊力を持ったもの、すなわち歴史を動かす全面的な力を持ったものとみなすならば、確かにグローバリゼーションは政治的には破壊力を持つかもしれない。

二つの要因がグローバリゼーションをめぐる政治現象に付随する傾向があった。第一に、市場統合を促進するネオリベラルな政策を実行しようという熱気である。第二に、バランスのとれた発展や正義ということよりも、市場の成長を第一に考えるべきであるという強迫観念である。では政治を（人々の福祉のために）取り戻す可能性とは何なのか。グローバリゼーションを世界の大多数のために機能させる展望とは何なのか。

この疑問に答えるに当たり、筆者はグローバリゼーションは空間を切り開き、政治生活と結びついた国境を拡張してきたのだと主張したい。もちろんわれわれはグローバリゼーションの今後の展開をグローバリゼーションが今までに引き起こしてきた一連の構造的傾向から予測することはできない。しかしグローバリゼーションの展開によって課せられる拘束要因と、グローバリゼーションの展開がもたらす可能性の間のバランスを正確に評価することはできる。歴史というものは、グローバルに展開する力に左右されるとはいうものの、本来的には人間の意志によって推進されるものである。つまり歴史というものは、未来に開かれたプロセスである。もしグローバリゼーションが人間によって造られたものならば、政治的な力（political agency）によって破壊されることもあるし、造り変えられることもある。奴隷制、封建制、あるいは重商主義にもいえるように、ネオリベラルなグローバリゼーションが永遠のものであると信じる理由はないのである。

ユートピアとしてのネオリベラルなグローバリゼーション

グローバリゼーションの推進者は、世界の人々が全くの個人として以前にもまして互いに連結するようなグローバル市場を造り出そうとしているのである。悪く言えば、マーガレット・サッチャーが言うように、(グローバリゼーションの推進者にとっては) 社会のようなものは存在せず、あるのはただ個人個人と男と女、そして家族だけなのである。もしそうなら、ネオリベラリズムは社会を根底から突き崩し、社会を市場の付属物にしてしまう。この視点から見ると、ネオリベラルなグローバリゼーションは市場を社会的・政治的統制から解放するユートピアを実現しようとする試みということになる。そのような状態は今までに存在しなかったという意味で、それはユートピアなのである。

個人個人のアクターからなる自由市場というユートピアは、歴史とは無関係であるばかりか、ポランニーの忘れがたい言葉を借りれば「自由放任は計画されたものだが、計画化自体はそうではなかった」のである (Polanyi 1957 : 141; 吉沢英成ほか訳、一九一頁)。十九世紀、イギリスという自由主義国家によって始められた調整的行動は、自己調整的経済を世界各地に生み出したが、一八六〇年に開始された反レッセフェール的立法を成立させる圧力は自然発生的に起こり、徐々に強まっていったのである。そのようなさまざまな立法にもかかわらず、いわゆる自由市場の成立によって経済的変動、すなわち市場に対する社会的統制から市場活動の自由化に至る動きが促進されたのである。市場は自律性を獲得し、(自律性を獲得した) 市場の力によって社会的結合力を弱めさせ、今度は逆にこの社会的結合力と市場の力関係の再調整によって社会的諸勢力、とりわけイギリス労働者階級による保護主義的反対運動を引き起こしたのである（第2章参照のこと）。市場というものは自動的に作動していくものであるという神話に挑戦して、ポランニーは市場社会というディストピア（地獄）を解明することによって経済的自由主義なるものの本質を暴露したばかりか、市場の力を再度社会に埋め込む必要性を指摘したのである。この再度の埋め込み作業の意味と戦略、つまり、オルター・グローバリゼーションについて詳しく説明しなければならない。

絶え間なく変化するグローバリゼーション

現在のインターステイト・システムが国家を超えた根本的な問題に対処する能力に、グローバリゼーションは疑いを差しはさんでいるのである。特にウエストファリア的国家モデルは、西欧で成立し、その後世界の他地域に移植されていった十七世紀の遺物である。このウエストファリア・システムにかかる圧力には、多くの主権国家の資源の発達を妨げ、国家主権に挑戦する私的経済権力の過度な集中ばかりか相互結合と超高速を可能にする先端技術が含まれる。

もちろん、主権国家はただ手をこまねいているだけではない。国家権力を握っている人々は、(人、物、サーヴィス、金、情報の）グローバルな規模でのフローを調整し、それを国家レヴェル、地方レヴェルの利益になるように変換することにより順応しようとする。（しかし）すべての国家が同じ程度に、権力の縮小を経験する訳ではない。グローバルな変容過程と主権国家との関係を、ゼロ・サム的関係に固定されたものとして描くのであれば、それもまた間違いである。グローバリゼーションの進展につれて、主権国家内には権力を得る勢力も出てくるし、失う勢力も出てくる。新たに権力を得た勢力のなかには、対外勢力と交渉する経済閣僚たちや行政官庁もいる。そうしている間に、社会政策を担当している部局は権限を失うのである（Cox, R.W. 1987：228–9）。それにもかかわらず、程度は異なるものの単独主義的軍事政策を追求する、アメリカを含むすべての国家は、現在現れつつあるマルチ・レヴェルの国際システムのなかで、国家としての自律性を失いつつあるのである。国家が急速に変化しつつある状況の中で機能していることは明らかである。インターステイト・システムは耐久力があるが、この耐久力にもかかわらず国家はいつ市場の拘束力から自由に行動することができるのだろうか。国家が市場を規制しようとする一方、市場もＩＭＦのコンディショナリティや通貨投機に見られるように国家を規律するのである。

国家が、グローバリゼーションのプロセスを制御するために積極的に対応しようとして、国家自体を再構成しようとしているという事実がこの背景にある。しかしながらグローバリゼーションのプロセスを穏和化する能力は、国家によって著しく異なるのである。９・11テロへの対応として国境管理が厳しくなり、軍事安全保障が強化されてはいるものの、（グローバリゼーションのプロセスに対する）国家の一般的対応パターンとして、規制緩和と関税障壁の引き下げを指摘することができる。グローバルな活動が、主権国家の領域内に限定される限りは、国家はグローバルな活動の促進者としての性格を帯びるようになる、ということが国家再編の意味である（Cox, R.W. 1987：

253–65。これとは正反対の見解については Weiss 1998 を参照のこと）。

国家はそのパワーを統合するために高度に制度化されたシステムを確立した。過去数十年の間、国際組織が数多くできたばかりか、国境を越えたサイバー犯罪のようなグローバリゼーションに伴う新たな問題に直面して、国家権力の保持者はいくつかの分野における高度なレヴェルの制度化や、インターステイト・システム内における効率的な政策調整を追求するのである。最も強力な国々のためのG8とか発展途上国中心のG15（15カ国グループ）や、これが二二カ国に拡大したものなど、フォーラムの形をとった多くのサミットが生まれてきた。もう一つの形態として世界経済フォーラム（WEF）のような政策協調を目指すインフォーマルな試みが行なわれていることがはっきりしてきた。ガヴァナンスのためのもう一つのインフォーマルな形態が三極通商委員会で、先進資本主義国家の企業や政治家、知識人によって構成されている。また民営化された形態のガヴァナンスが目立つようにもなってきた。法律事務所や金融会社（Sassen 1996）、あるいはムーディーズとかスタンダード・プアーズなどの格付け会社によって行使される構造的権力は、債務国が借金を増やすことを可能にしたり、あるいは債務国がそうすることをできないようにする国民経済の評価に基づいており、ローンの条件にも影響を与えるのである（Sinclair 1994a.b）。この構造的権力によって、途上国の経済は成長もするし、破壊もされるのである。

インターステイト・システムは、世界の政治・経済活動の高まりに対応していないレヴェルでは、主権国家の諸制度に依拠しているというのが問題の核心である。国民国家という「容器」と、実際のグローバルなフローの間のズレがもっと全面的に政治的想像力を働かせるようにさせるのである。グローバリゼーションは、根本的に時間的・空間的に適切な規模のガヴァナンスを必要とするのである（Jessop 1997）。しかしこのガヴァナンスを追求する際、グローバリゼーションに取って替わる新たなガヴァナンスとはどんなものなのか。このグローバリゼーションに取って替わるガヴァナンスは、パワーと利害対立という問題をわきへおいてしまうような善意に基づく政策によってではなく、今までみてきたようにネオリベラルなグローバリゼーションに対する多様な抵抗運動を意味し、オルター・グローバリゼーションの可能性を指ししめす対抗力によってこそ実現するものであると筆者は確信している。

抵抗運動

マーガレット・サッチャーが主張するＴＩＮＡという見方は、ネオリベラリズムが優越的であり自然の成り行きに任されることはないという限りにおいて正しい。ズールー語で「ネオリベラルなグローバリゼーションに代替案はあるに違いない」を表わすＴＨＥＭＢＡ（=There must be an alternative）、すなわち「希望」とＴＩＮＡとの間の戦いがある南アフリカでは、この点は明らかである（Bond 1995: 3, 7）。確かにネオリベラルな方法で世界を秩序化していくことがずっと持続していくのか、それとも力を失っていくのかを問うことは重要である。今までの資本主義形態と同様、ネオリベラリズムにも歴史というものがあり、歴史には始まりと終わりがあるのである。確かにネオリベラリズムはたやすく自発的に衰えていくことはないであろう。それどころか数多くの不満や逆圧力に直面し、未だ初期段階にあるが、明らかに強まっていくであろうさまざまな力の挑戦を受けつつある。特にこの動きには注目すべきであり、この動きは急速に弾みをつけていき、再規制政策をもたらすことになろう。この傾向は特にラテンアメリカや世界各地で明らかになりつつある。一九九七―九八年のアジア通貨危機が、他の地域に深刻な影響を与え、かつネオリベラルな政策と結びついた社会問題の深刻化にも影響を与えたことが、この傾向を説明する理由の一つである。

別の文脈では，抵抗運動は公共圏で起こるばかりでなく、前章で示したように個人的な分野あるいは親密圏でも起こるのである。前章の中心的議論を強調するならば、この抵抗運動は国家や市民社会によって必ずしも声高に表現されるものではない。個人個人の生活のなかで静かに表現されるものかもしれないし、抑制されるものでもないかもしれない。この小さな抵抗は、壮大な構造に対してなされるばかりか、積極的で肯定的要素を含むものかもしれない。事実、日本の事例の際立った特徴が示しているように、オルター・グローバリゼーションにはいくつかの類型があり、グローバリゼーションを世界的規模で作動させる唯一最善の戦略があるわけではない。特有の歴史、文化、資源を持つさまざまな場所で異なった発現の仕方をする、広範囲にわたる複雑な問題に対する普遍的な解決方法を探ろうとすれば、それは簡単かもしれない。あらゆる時代のすべての場所に当てはまるような実現可能な代替案はないのである。とはいえグローバリゼーションを作り変える代替案を引き出すことのできる雛形や類型はあるのだろうか。

オルター・グローバリゼーション構築のシナリオ

グローバリゼーションの代替案を構想し、それを実行に移す広範囲な努力を証拠が示している。それらは三つの基本的グループに分類できる。第一のグループは、基礎的構造に挑戦することなくネオリベラルなグローバリゼーションに修正を加えようとするものである。一方、第二・三のグループは、ネオリベラリズムの根本的原理を形成している考え方や政策を攻撃し、ネオリベラルなグローバリゼーションというパラダイムを破壊しようとするものである。

第一のグループは、グローバリゼーションの基盤（マトリクス）そのものの中に真の選択肢があるという提案を当然のことと考える。構造的制約、特に大競争の到来と、過去のものとなった「ワシントン・コンセンサス」の残滓があるにもかかわらず、ネオリベラルなグローバリゼーションに沿った政策選択は本質的に政治的なものである。市場は社会に利益を与える一方、ある程度、国家が採用する革新的政策によってその暴走を阻止できると主張する。

ますます多くの分野・要素をグローバル化しようとする巨大な圧力の渦巻きのなかで、フランスは抵抗を試みている国家である事を例証している。すなわち多くの規制、（学校教育、医療制度、就業、退職制度、失業手当などの）寛大な福祉予算関係費、そして信頼できる地下鉄や鉄道網のような国営の社会インフラを維持している国家であることを示している。アメリカの失業率をはるかに凌ぐフランスの失業率、増大する財政赤字、市民の日常生活を混乱に陥れないまでも不便をかける頻発するストライキやデモ、分かりにくい労働立法や銀行コード、それに技術革新を阻害する教育システムを、フランスの政策の批判者たちは指摘するのが常である。英米流のネオリベラルなモデルに直面し、アメリカ的解決策を採用するよう迫られて、フランス大統領ジャック・シラクは「フランスは国自体がグローバルであるという感覚を持っており、今までの生活様式を維持すべく（英米流グローバリゼーションと）戦っていく」と答えたのである。「フランスはフランスであり続けるつもりである」ともシラクは言ったのである（Truehart 1997 より引用）。グローバルな規模で強まる経済的圧力に対抗するための民営化とか規制緩和の強化といった不人気な変化に直面して、グローバリゼーションによって不利益を被っている社会階層からばかりかいくつかの国家からさえも、国家主義的反発が起こってきている。もちろんフランスの抵抗は、ネオリベラルなグローバリゼーションに体現された利益に奉仕するいくつかの国家によって演じられる「高級売春婦（courtesan）」の役割からは程遠い異形のものである。

グローバリゼーションへの対応にはいくつかの方式と、そのための制度改革の提案がいくつもあるのである。対内的局面では、行政官庁や立法過程——たとえば移民政策の分野に関して——はグローバリゼーションによってもたらされる問題のいくつかを緩和することができる。金融分野では、対内的な改革提案には厳しい銀行業務基準、ヘッジファンドへの批判、出国税——ある国から急に資金を引き上げた場合には、投資家はこれらの措置によって罰せられることになるが——あるいは何らかの形の再規制が含まれる。社会政策が市場の過酷さ、とりわけますます所得格差が広がっていく世界的傾向を緩和してくれるであろうことは決定的なことである（Teeple 1995）。セイフティ－ネットや社会条項の主唱者たちは、この方針に突き進むが、懐疑論者はこれら主唱者はもっと根本的な問題から注意をそらす広報媒体として貢献しているのかもしれないと主張する。

国家が公共財を提供する際に国家の適切な役割は何であるかについて議論する必要があるのは確かである。絶対的貧困を軽減したり、すべての市民のために電気や水道あるいは近代的な保健衛生サーヴィスを供給したり、環境を保護したり、社会の基本的単位としての家族を支援したり、都市交通の混雑を緩和したり、激増する犯罪を抑制したり、汚職や縁故主義を根絶したり、女性に対する平等な扱いや子供の権利を促進したりすることに関しては特にそうである。もしこうした措置に賛成する政治的意思があるならば、そのための国家による介入の適切な規模はトランスナショナルなものかも知れない。

改革への要求にはＩＭＦが主張する基本的な条件のいくつか、特に政府による透明性の確保や今まで以上に十分な説明責任の履行――これらはＩＭＦ批判者すら賞賛に値すると感じている構造調整の一局面であるが――を含むというのが世界的傾向となっている。（しかしながらＩＭＦは、自分たちのオペレーションでは秘密を維持するというダブルスタンダードぶりを発揮しているが、ＩＭＦは独自の処方箋を採用すべきであると主張するＩＭＦ批判者もいる）。実際、透明性と説明責任という方式を採用すると、当該国の政権はしばしばその政権の権力基盤である優越的な政治経済体制と対立しなければならなくなるのである。スハルト政権下のインドネシアがそうであったように、必死になって外資を導入しようという政策と、その政権を支えている中心的諸構造を解体するという政治的自殺を図ることに躊躇するというジレンマにさいなまれる指導者が多くいるのである。

国際的改革のためのもう一つの提案は、トービン税である。これは脆弱な経済を破壊しかねない投機家による急速な資金移転を思いとどまらせるために、国境を越えて行なわれる資本移動に課せられる少額の税金である。早期警戒システムを創出したり、強まりつつある世界経済の傾向について世界に警告を発したり、グローバルな中央銀行を創設したり、主要通貨間に準固定的な交換レートを設定することなども（ネオリベラルなグローバリゼーションに対抗するための）政策として提案されている。制度改革の必要性については議論の余地はありえないが、近い将来、国家の指導者が急に自覚してグローバル・ガヴァナンスのための新しい構想に賛同し、実行していくと想像することは難しい。結局のところ、国境を越えて形成され、そのために主権国家の管轄権からかなりの程度逃れている企業権力を統制する手段を、国家の指導者が実行に移すことが困難であるのは言うまでもない。根本的にはこうした代替措置はグローバリゼーションに染み込んでいる権力関係に直面しない限りは機能しないのである。根本的には、真に新しい国際金融制度が創出されるには新しい政治的枠組みが構築されねばならないのである。

第二の代替案は構造変革を提案しており、ネオリベラルなグローバリゼーションのシナリオを書き換えることを要求している。政治的スペクトラムの右側では活動家や知識人たちが、グローバル化の力の影響を受けやすい——しばしば移民によって具体的に示されるのだが——宗教・人種・民族・言語共同体の構成員であるという事実に基礎を置くアイデンティティというものを、もう一度重視しようと主張してきた。宗教に基礎を置く運動は、グローバル化の傾向が共同体の価値を蝕み、社会構造を分裂させるものであると認識してグローバリゼーションの急激なプロセスに激しく反応してきたのである。ネオリベラルなグローバリゼーションは越境的フローを促進し、民族文化に挑戦し、移民を寛大に認めてきたが、特にヨーロッパやアメリカにおける右翼運動は、市場社会そのものにではないにしても、グローバリゼーションが引き起こしてきた社会構造のこの変動の主要な要素に反対してきた。排外主義的集団が自国民中心主義を声高に主張するばかりか、NAFTAやそれをメキシコやチリにまで拡大しさらには南米全体にまで及ぼそうとする試みに見られる地域的枠組み形成にも、これらが主権を弱め、世界政府形成の前触れになるとの理由で反対が起こっている。右派の政治的プロジェクトは主権原則を基礎とし、主権国家の領域的国境の周りに要塞を構築し、これによって暗黙のうちにグローバリゼーションの動きを鈍らせてしまおうとしている。

ネオリベラルなグローバリゼーションの代替案を探るなかで、グローバリゼーションは無期限に持続可能なのかという問いを提起する、構造的だがいまだ初期段階にとどまる第三のプロジェクトがある。グローバリゼーションの犠牲者たち、市民社会の構成要素、ある種の政治家たちあるいは有機的知識人たちなどの幅広い社会勢力を、この運動の指導者たちは代表しているのである。これらの指導者たちは以前の状態に戻ることを主張しているのではない。グローバリゼーションが始動する以前の状態に戻ることはできないし、過去数十年のケインズ的な福祉国家も何ら解決方法にはならない。右派グループとは異なり、このグループの人々は国民国家レヴェルのアイデンティティとは別のレヴェルのアイデンティティを生み出すために、国家主権の緩和を進めようとするのであるが、もしそうなれば政治経済のための領域的境界は引き直されるであろう。このプロジェクトはグローバルな動きに関与しつつも、グローバル化の趨勢を局地化しようとすることの重要性と、ボトムアップのプロセスの重要性を確信しているのである。どちらかというと、この後者のプロジェクトはパワーの拡散を伴うものである。この後者のプロジェクトでは、市場、国家、社会の間の関係を実験して作り直すことが考えられている。それは政治を再定義し、国家ではないアクターによる政治が行なわれる空間を拡大する努力である。それはまた市場のパワーを参加民主主義によって制御しようとしているが、それは究極的には政治機構が行なうべきことである。それはグローバル化しつつある勢力に比例して、大きな自律性——古代ギリシャの哲学者たちによって使われ、その後、社会契約説を説く理論家たちによって少々違った意味で使われ、カント倫理学でも使われた政治道徳概念を強く主張することでもある。

　ジョン・ロールズの正議論（1993）によって具体的に示されたように、現代リベラリズムと共鳴しあう教義である自己決定こそが、この自律性の核心である。行為主体は批判的反省をする能力を持ち、構造的圧力にもかかわらずいくつかの選択肢のなかから自分の判断で選ぶ権利も持つということを、この自律性という原則は意味しているのである。この権利を行使するためには、行為主体を取り囲む諸条件とその行動を制御しなければならない。自律性の原則は、このように多数者による政治経済的な自己統治を意味し、「共通善（common good）」を追求する際の自由と平等を考慮したものでもある（Held 1995：146–147; グローバリゼーションと民主主義理論を結び付けようとした研究には Rosow 1999; Patomäki and Teivainen 2002; Patomäki 2003 がある）。下から自律性を確立することは、他者との関係を絶つことと混同すべきでないし、世界に対して要塞を構築することと混同すべきでない。それは、実際にはしばしばトランスナショナルな要素から力を得ているグローバリゼーションに対する、市民社会の対応を不可能にしてしまう行為である。

下から自律性を確立すべきであると主張するためには、まず最初にやれることを十二分にしなければならない。すなわち主権国家による政治のなかで一層の説明責任を率先して実行しなければならない。何と言っても、国家の下に置かれた地獄は危険な場所となりうる。それは通常は分断化によって特徴づけられ、時として、民主主義と衝突するアイデンティティ重視の政治が採用する不寛容と全体主義によっても特徴づけられるものとなりうるのである。国家権能の範囲（その国家行動と予算を含む）を制限し、市場原理を強要しようとするネオリベラルな流れに直面したときには、新しい環境運動・フェミニズム運動によって例証されているように、パワーを獲得する幅広い手段をもつ強力な国家や、民主政治を強く要求できる力強い市民社会はお互いを強化し合い、上からのグローバリゼーションとは対照的な行為主体として貢献する立場にあるのである（Walzer 1999）。国民国家が永遠であると信じる理由はないとは言え、現在のところ国家と市民社会は、その成員の多くを重複させながら、民主的グローバリゼーションを実現するためにお互いを必要としているのである。

この立場からすると、ネオリベラルなグローバリゼーションへの一つの対応は、「それは倫理的に持続可能なのか」という問いかけをすることである。世界人口の五％が、最も貧しい五％の所得の一一四倍の所得を得、世界の最富裕層の一％が最貧層五七％の所得に相当する所得を得、さらには二五〇〇万人のアメリカ人の所得が世界の約二〇億人の所得と同じであるような（UNDP 2003 : 39, Milanovic 2002 : 51–92 より引用）国際システムを維持していくことが道徳的にも政治的にも可能なのであろうか？ この現実は、市場の力を拡大していくことに伴う利益に対して支払われるべき代価であると主張することは、倫理的に弁護できることなのだろうか。規範的な選好である民主的解決方法を探ることによって、グローバリゼーションに伴うコストを削減しようとしたほうがいいのであろうか。もちろんこれは万能薬ではないであろう。さまざまな民主主義理論があり、何度も強調したように規範的選好はパワーに対抗しなければ実現不可能である。パワーに対抗する主要なポイントは非国家勢力であり、そのすべてが民主主義に賛成している訳ではない。事実、この勢力にはテロリスト集団も含まれるからである。

9・11後のグローバリゼーションとオルター・グローバリゼーション

アメリカの国力とグローバル資本主義の象徴であるペンタゴンと世界貿易センターに対するテロリスト集団の攻撃は、グローバリゼーションを変えたのであろうか？ 9・11テロを行なったテロリストたちは、オルター・グローバリゼーションを作り出そうという希望を抹殺してしまったのか?

9・11テロによって与えられた急性の痛みと、慢性的条件を混同するならば、それは深刻な誤りであろう。テロリストによる攻撃はグローバリゼーションの永続性のある構造を破壊しなかった。本土防衛がアメリカの政策の最優先事項になったものの、グローバリゼーションを特徴づける傾向、とりわけグローバルな市場統合、地域統合の拡大などは持続的に進展している。グローバリゼーションによる基本的な問題が消え去ってないことは確かである。

グローバルな規模で展開しているテロリズムとグローバリゼーションは密接に絡み合っている。どちらも国家主権の領域的基礎に挑戦する越境的現象である。どちらも現代の技術や世界大の金融ネットワークに基づいている。グローバルなテロリズムが(先進資本主義国家による第三・四世界地域の)周縁化を栄養源としている間に、グローバリゼーションは周縁化を発生させてきたのである。

とりわけ抑圧的で腐敗した政府によって統治されている国家では、貧しい人々や市民権を剥奪された人々の中には、成人男子の失業率が約六〇%にも達しているような衰弱しつつある社会状況から逃れようとする人もいる。「イン・シャ・アラー」すなわち「すべてはアラーの思し召しのままに」という表現に見られるように、運命論がごく普通で、マドゥラサ(ムスリムの宗教教育学校)が若者を過激化させてきた社会では、周縁化されて苦しんでいる人々を自爆テロに駆り立てることは難しくないのである。こうした周縁化された人々は、自分たちの決死の行動は天国への切符を与えられるものであると確信している。テロリストのリーダーは中産階級出身で、そのなかには富裕な同胞から資金援助を得ているものもいるが、募る不満がグローバリゼーションによってあっという間に敗者となってしまった多くの人々の気持ちを満たし、そのなかにはテロリストの活動にリクルートされるものもいるのである。

グローバルに活動するテロリストとグローバリゼーション推進勢力はともに、彼らが普遍的真実であるとみなしているものを広めているのである。一方で、テロリストと彼らを唆している者たちは、女性、子供、そして「不信心者」とレッテルを貼られたすべての人々の行動を縛る宗教的価値に関する言葉を使う。他方で、グローバリゼーションの受益者もまた、社会が進むべき異なったヴィジョンを実現していくために、第1章と第4章で説明したような市場の自由、競争、効率性、消費主義、個人主義などの価値体系を広めようとするのである。

こうした対立するヴィジョンはどう見ても道徳的には同じものではないが、主義・思想の主導者としては同じような論理に基づいている。オサマ・ビン・ラディンもジョージ・W・ブッシュもこの点で際立っている。ラディンはジハード、すなわちイスラム教徒を異教徒に対抗させて戦わす聖戦を主張し、ブッシュは「悪の枢軸」に対抗してアメリカ政府やグローバリゼーションの主唱者によって主導された十字軍を派遣することを主張したのである。アメリカは、貧困との戦いや感染症、環境破壊に対してではなく、テロとの戦争を地球的課題として定義するパワーを行使しようとしてきたのである。

将来的展望をしてみると、テロのグローバル化は、ネオリベラルなグローバリゼーションにとって一連の後退の一つであろう。第一番目の後退は、一九九五年にOECDでアメリカが導入しようとした協定である多国間投資協定が不成立となったことである。適用範囲は広かったが、その目的は貿易障壁を除去し、資本市場を拡大することであった。市民グループの連合体がそれぞれの国の政府にこの協定の交渉から撤退するよう圧力をかけたが、この交渉はWTOで復活されるかもしれない。

第二に、一九九七年から一九九八年にかけて発生したアジア通貨危機は、アジアに限定されたものではなく、正にグローバルなものであった。というのはこの危機はブラジル、南アフリカ、ロシアほか世界各地に影響を与えたのである。それはグローバリゼーションに伴うリスクを示している。ジョージ・ソロスや通貨投機業者の展開する大げさなレトリックに対して、イスラム世界の主流に属するマレーシアのマハティール首相は、自国ばかりか東南アジア地域全体がジレンマに陥っていることに気がついたのである。アメリカの帝国じみた傾向を含め、パワー関係と階層構造にもかかわらず、グローバリゼーションを支配している単一の行為主体は存在しない。

第三に、既に議論したように、一九九九年の「シアトルの戦い」はWTOを弄んだばかりか、全般的にみれば経済グローバリゼーションへの抵抗運動の予兆となったのである。このシアトルでの出来事と、その後五大陸の大都市で発生した街頭デモが、現代グローバリゼーションの悪い面に対する怒りを表わしていることは明らかである。

その後、九月一一日にグローバルなネットワークによって決行された（グローバリゼーションに対する）抵抗運動は、「大量殺戮」という形をとって最高潮に達したのである。テロリズムによる危機は、同時にグローバリゼーションによる危機でもあった。根本的な問題は、テロリストによってばかりか（グロテスクな9・11テロ作戦を支持しなかった）抵抗運動の担い手たちによっても忌まわしいものと見られた極めてアメリカ的な価値である。アメリカが中心となった二〇〇三年のイラク侵攻とそれに続くイラク占領と同様に、9・11テロに対する主要国の反応はグローバリゼーションの構造を軍事化することである。

9・11テロの意味合いと、グローバリゼーションにとっての影響を直視するならば、アメリカの国連大使であったときのアドライ・スティーヴンソンの忠告を思い出すことは価値があるであろう。彼は、アメリカが最も必要としている現代技術は補聴器であると皮肉を言ったのである。今日われわれが耳を傾けなければならないのは、とりわけ異なった価値体系についてのメッセージである。だがスティーヴンソンの非難にもかかわらず、現代技術の潜在的利益がどんなに大きくとも、それだけでは世界秩序に対する挑戦を修正できないであろう。むしろ、この本での主張はパワーの主観的な次元、すなわち知識とイデオロギーを評価することを通じて、周縁化と絶望を生み出す絶対的価値の強要によって進められてきたグローバリゼーションの形態をどのように変更すればよいのかを理解することができるということである。

知識とイデオロギーの渦

グローバリゼーションは、パワーの物質的構造についてのものであるばかりでなく、世界を理解し、表現する方法を構成し、かつその方法によって構成されるものであるという議論を今までの章で展開してきた。主観性を産出するには、歴史的展開を知り、描くことが不可欠である。この渦巻きには、単一の論理も存在しないし、唯一のパワー構造も存在しない。ちょうどグローバルなヘゲモニーが存在するように、グローバリゼーションは非国家主体による政治の拡大と結びついている。この変化は、必ずしも国家のパワーの消失を意味するものではない。むしろ、さまざまな国家の構造的パワーが互いに異なり、国家の再編成が起こるのである。国家のある行政機関のパワーと機能が強化される一方、国家の他の機関と機能が縮小するという相矛盾するような現象が起こるのである。縮小する傾向は特に社会政策の分野で顕著であり、強化される傾向は、特に国際犯罪組織やテロリストネットワークのような非国家主体に対応しなければならない国家にとっては、軍事的分野で顕著である。

脅威がどんなに深刻であろうが、国家機関は自らが置かれている状況と（これに対処するための）計画を説明する必要がある。国家は、何がグローバリゼーションについての主要な知識を生み出しているのかに対して刺激を与えるのである。この意味において、グローバリゼーションのパワーは認識レヴェルを決定するのではなく条件づけるのである。グローバリゼーションはこのように、一つにまとまった知識によって構成される認知地図として表われるのである。比喩的に言えば、グローバリゼーションは「知識経済」あるいは「情報社会」の雰囲気を帯びるのである。

そこでグローバルな権力構造は閉鎖的システムとして作動して、権力構造（自身の）表象に疑いをもつ認知の力を否定しようとするかもしれないし、あるいは代替的知識とアイディア、すなわちオルター・グローバリゼーションを受け入れていくかもしれない。こうしたダイナミクスがグローバリゼーション賛成論と反グローバリゼーション論という二元論を誤って伝えているが、グローバリゼーションとオルター・グローバリゼーションの間の衝突があるのではなく、むしろ（グローバリゼーションに関して）多様な立場があるのである。構造と主体の間には無数の流動的な仲介形態があることを考えれば、グローバリゼーションとオルター・グローバリゼーションは、必ずしも無関係な選択肢ではないのである。これら二つは、偶発的で複雑に絡み合っているのである。

パワーと支配的な知識は、イデオロギー的表現抜きではめったに機能しない、というのはイデオロギー的表現には明確な内容と潜在的な内容の両方が含まれるからである。権力者は、自らを正当化するために、グラムシが言うように、ヘゲモニーの中心的構成要素である合意を確実なものにしようとするのである。この主観的内容があってこそ、暴力の側面が生まれるのであり、それはいろいろな程度の差はあれほのめかされたり、発動されたりするのである。その割合は、歴史的条件によって変化する。グローバリゼーションに対する大小さまざまな抵抗運動が高まった時期である9・11テロとサダム捕捉の後、（グローバリゼーションの）強制的な要素は以前よりも明確になった。ヘゲモニーのイデオロギー的要素は衰退しつつあるとはいえ、ふたたび勢いづけ、再生しようとする取り組みにさらされるのである。

この文脈において常識的知識の集大成に光を当て、グローバリゼーションのイデオロギーを暴き、認識を示す象徴的な表現がどのように利益と結びついているかを示すことによって、知的パワーはヘゲモニーに異議を唱えているのである。この作業は、グローバリゼーションの正体を暴くばかりではなく、グローバリゼーションを変化させていく可能性に道を開き、常識的知識に対してこの可能性を遠まわしに表現し、新しい常識を創出することになるだろう。

グローバリゼーションについての新しい常識を構成するために、抵抗運動についての認識論は、既知の表現に関する主流となっている信念、経験に基づく情報、そして既知の表現に対抗する表現の三者を組み込むものである。批判的認識論は、学界におけるものと抵抗運動の担い手自身による能動的な学習という二重の教育を行なうものである。これらの主体的行為者は、分析対象であるばかりか、初期段階にあり、どんなに一時的なものであろうと、エンパワーメント（自己決定能力をつけること）の手段となりうる教育の生産者でもある。

新しい常識を生み出すために、批判的グローバリゼーション研究の創造の場が、オルター・グローバリゼーションについての知識と、（グローバリゼーションについての）既知の表現に対抗する強力な表現を生み出すのである。グローバリゼーションのプロセスについての枠組みを作るために使われている言葉を綿密に精査し、知識とイデオロギーが生み出される制度を明らかにし、分析作業を明確な文化的文脈のなかに位置づけ、さまざまな声に耳を傾け、常識の前提（としていることと）を引き出し、具体的な生きた経験を重ね、根拠のあるユートピア建設を計画する、という作業を、このグローバリゼーションの批判的研究は行なうのである。基本的には、根拠のあるユートピアを実現するためには、その行為主体に権限を与えねばならない。平和的で、民主的で、公正な（グローバリゼーションからオルター・グローバリゼーションへの）転換を実現するために、オルター・グローバリゼーションを実現する方法を見いだすよう努めることが批判精神をもった知識人の責務である。この努力を怠れば文明化された未来は到来しないだろう。

注

序文と謝辞

（1）別のところでも（Gill and Mittelman, 1997）われわれはこれらの理論的革新について議論してきたので、本書で同じ議論を繰り返すつもりはない。社会構成主義の長所と短所についての議論（たとえば、Ruggie 1998; Wendt 1999; Risse 2000; Green 2002; Sending 2002）は、本書の目的ではないし、この点に関して探究するつもりはない。

第1章　グローバリゼーションのパワー

（1）本章は二〇〇一年九月二一日、オーストリアのグラッツ大学で開催された「ヨーロッパの地域政策——知識の時代：グローバル、リージョナル、ローカルな相互依存関係を管理・統制する」を主題とするシンポジウムでの基調講演として元々は提出されたものである。ここでの議論は、筆者の著作（2000）と、筆者とノラニの共著（2001）で展開された中心的議論を再度確認するとともに、さらに敷衍したものである。特に注釈のない場合は、グローバリゼーション一般あるいは現代グローバリゼーションについてのすべての表現は、優越的なネオリベラルな政策の変種を意味するものであり、本章以降の章でその輪郭が描き出されることになる。

（2）よく知られているように、パワー概念は政治学研究では広く行き渡っており、これについての学問的文献は膨大な数に上る（特に、Gaventa 1980; Wrong 1980; Lukes 1986; Dowding 1996; Hindess 1996を参照のこと）

第2章　グローバリゼーションを描く

（1）この章を執筆している間は承知していなかったが、雑誌 *Amerian Behavioral Sceintists* 44, 10（June 2001）では、筆者が試みているのとはかなり異なるが、これと同じテーマで特集を組んでいる。

第3章　グローバリゼーションは優勢なパラダイムか？

（1）以下の文献（Appadurai 1996; Beck 2000; Giddens 2000）は、何がグローバリゼーションを構成するのかの理解に向けていくつかの異なる方法を提案している。
（2）この部分は、拙論（Mittelman 1997）を土台に展開した。
（3）他の社会諸科学の学者たちに比べて国際関係研究の学者たちは、以下の顕著な例外を除いて（たとえば、Der Derian 1995; Peterson 1992; Sylvester 1994; Walker 1993）、ポストモダニズムおよびポスト構造主義の侵入に対してより内向きの態度をとってきたという「証明」はできないが強い印象を持っている。
（4）この多元主義の承認については本書が出版される一連の叢書および雑誌 *Globalizations* に見出されるだろう。http://www.tandf.co.uk/journals/titles/14747731.asp 参照。
（5）これらの諸問題を考える際に、以下の文献は印象深い出発点を提供している。Michael Burawoy（2000）Loiuse Amoore and Paul Langley（2001）および André Drainville（2003）。

第4章　批判的グローバリゼーション研究

（1）この論文を発表し執筆する機会を与えてくれた William I. Robinson と Richard Appelbaum 両氏に感謝したい。会議の表題と場所は以下の通り。'Towards a Critical Globalization Studies; New Directions, Continuing Debates, and Neglected Topics,' University of California, Santa Barbara, 1-4 May 2003.
（2）たとえば、以下のインフラ（基礎となる施設）も存在する。The San Francisco-based International Forum on Globalization。　加えて二〇〇一年以降、世界社会フォーラム（ＷＳＦ）はブラジルのポルト＝アレグレ、それからインドのムンバイで開催しているが、そこではネオリベラル・グローバリゼーションに対するオルタナティヴを実行に移す方法について模索している。

（3）Gayatri Chakravorty Spivak（1990）および他のポストコロニアル批評家たちによって詳述されているテーマは「サバルタンは語ることができるか?」である。

（4）資本主義および大衆社会について探求しながら、理論を政治的介入へと移す以前に洞察を展開しようと批判的距離を求めたフランクフルト学派の思想家たちと比べた場合、グローバリゼーションの批評家は政治的非関与を最初から採ろうとしないようだ。

（5）これを強調するところは、現代のグローバリゼーションの原動力としての軍事的要因を十分に強調しなかった自分自身の仕事を含め、グローバリゼーション研究の初期の世代に対する一つの修正である。

第5章　イデオロギーとグローバリゼーションの課題

（1）本章を書くきっかけになったのは、ハワイ・マノア大学（ホノルル）のグローバリゼーション研究センターの開催による会議（テーマはグローバリゼーションのイデオロギー的諸次元）での報告である。私をこの会議に招待してくださったマンフレッド・B・スティーガー氏に感謝したい。

（2）ここで、承認に報いられ（たとえば、テレビのトーク・ショウに出演）、貢献により賞金を獲得する多くの花形の政策知識人の名を上げることができる。プリンストン大学のエコノミスト、ポール・クルーグマンもその一人で、彼は、権力機関の一つ、米国政府の第四の府とも目されるニューヨーク・タイムズ社のコラムニストとして、ネオリベラリズムの諸原則に挑戦することなく、その有害な効果などを暴露する。

（3）右翼のポピュリストやグローバリゼーションのアナキストのイデオロギーを検証しているものは、以下を参照。Mark Rupert（2000）および Steger（2002）。

（4）スティグリッツは、膨大な数の事例研究を提示するにあたり、能力以上に手を広げすぎている。彼にとって、世界銀行や国際通貨基金のように、ウガンダ共和国は、（広告のポスターにみられる子供のような）イメージそのままのシンボル（a poster child）である。確かに、ヨウェリ・ムセベニ政府は、数年の独裁政権のあと平和（北部を除いて）をもたらし、経済成長を促進し、無償教育を拡張したり、そして、エイズ撲滅キャンペーンを含む健康管理の改善に努めた。スティグリッツは、それらの達成に対して熱狂的になっている。しかし、スティグリッツは、ムセベニが多額の国際基金を受領している間に、「政党なしの民主主義」という彼の考えを強制したり、巨額の防衛予算を維持し、そして、強奪の目的でコンゴ民主主義共和国へ派兵したなどの事態については、言及していない。同様に、スティグリッツが一九九七―八年のアジア経済危機（私は事実上、グローバリゼーションの危機と呼んでいる）に対するマハティール（マレーシア首相）の資本規制は効果的な応答であると主張したとき、彼はその実情の半分しか語っていない。彼は、語っている範囲においては正しいが、投資家や貿易商たちが資本規制を操作していたことや、他の人々が政府と交渉していた事実を見落としているか、知らないでいる。いずれにせよ、マハティールはどうみても良き統治の実行者とはいえず、一年後には資本規制を解除し、マレーシアの「地代収入資本主義」（rentier capitalism）を強化するよう要求した。スティグリッツの説明は不十分であるということが、ここでのポイントである（スティグリッツの著書の詳細な評価の一つは、私の以下のレビューを参照されたい（*New Political Economy*, 9, No.1（March）：129–33）。

（5）同様に、スティグリッツ（2002：76, 242, 252）は「社会の変容」を呼びかけるが、その意味は明記されていない。

第6章　グローバリゼーションに対する抗議の「常識的」表象

（1）本章は、アメリカ社会学会年次大会の世界システム政治経済分科会（ジョージタウン大学、ワシントンDC、二〇〇三年四月二五―二六日）に提出されたペーパーを実質的に修正したものである。「グローバリゼーション」への抗議という用語――「反グローバリゼーション」のための抗議・運動ではなく――は、このペーパーのなかで採用された。「反グローバリゼーション」という用語の欠点は、第1章と第4章で議論されている。グローバリゼーションに対する抗議運動参加者は、今までよりも多くの情報が入手でき、新たな技術が登場し、生産性が向上するなどグローバリゼーションのいくつかの側面には賛成しており、その他の側面には賛成していない。

（2）インディメディア・センターズ（IndyMedia Centers）は、新しいメディアやフリーのジャーナリストに表現の手段を提供している。同センターは、グローバリゼーションに対する抗議運動に関するデータを、この運動参加者自身が見ているものとして提供している（Kidd, 近日出版予定）。

（3）一般的には、南北とか地球大での南北という用語は先進国と途上国の間の分裂を明示するものであるが、こうしたカテゴリーそれぞれにおける発展レヴェルにはかなりの差異があるのである。事実、グローバリゼーション（という言葉）には、地経学的状況や実質的な不均等性と変則性を伴いながら変化しつつある世界情勢を作り変えていくことも含まれるのである（Dicken 2003; 509-512）。

（4）われわれは、調査をする上で素晴らしい手助けをしてくれたプリヤ・ディキシット、SPSSを使うのを手助けしてくれたアッセン・アセノフに謝意を表わしたい。同時にわれわれは二〇〇二年四月二〇日に調査をしてくれた次の学生達にも感謝したい：シーン・アンドリュー、デイヴィッド・バリオ、レベッカ・カルベール、エンリケ・ゴンザレス、ケリー・マッカーシー、デイヴィッド・マーサ、アリソン・ハルペリン、ムヴセレオ・P・ヌゴヤ、サラ・プロスコン、アッセル・ラステモヴァ、ミーナ・シャリティ―ファンク、ジュリアン・ズバー。

（5）すべての結果はこの調査から引き出されたものである。しかしいくつかの事例では、複雑な証拠を明らかにするために、表を使用している。

（6）これらの結果は、ヴァシの結果と極めて近い（巻末参考文献：17）。

（7）たとえばリッヒバッハ（2002：43）は、五万人のうち多めに見積もって三千人はアメリカやカナダ以外の国から参加している。

（8）予想どおりこれらのデータは、「最先端のグローバル化推進者たち」として描かれるエリートに関する調査でローズノウと彼の同僚たちが引き出した結果をほぼ覆している（Rosenau et al. 近日出版）。

（9）参加の程度を測定するため、被質問者たちには、組織としてどの程度関与しているかに基づき数値が与えられた。組織幹部は三、積極的なメンバーは二、あまり積極的でないメンバーは一、メンバーでない者は〇、が与えられた。多くの被質問者は一つ以上の組織に関与しているので、組織の活動の程度を全体的に示す指標を作成するために調査された九つのタイプの組織を通じて、これらの数値が加算されるのである。組織のタイプには反核、公民権、環境、ゲイ・レズビアンの権利、グローバルな正義、労働、平和、女性の権利それぞれをテーマとしたものが含まれる。

（10）被質問者は、グローバルな正義を求めるための集会・運動にどの程度関っているかによって数値が与えられる。組織者・主催者は四、参加者は三、請願者は二、抗議運動に付いて来ているだけの人は一、何らかの形ででも参加していない人は〇、が与えられた。多くの被質問者は一つ以上の抗議集会に参加しているので、（抗議集会を主催した）組織の活動程度を全体的に表わす指標を作成するために、アメリカと海外で行なわれた七つの主要な抗議集会を通して、こうした数値が加算される。ここで取り上げられる抗議集会には、シアトル、ストックホルム、ワシントンDC（二〇〇〇年四月と二〇〇一年九月）、ケベック市、そしてジェノヴァが含まれる。

（11）こうした意思疎通ですら、先進国のメディアと抗議活動が交わる働きの結果かもしれないが、異なった階級、人種、ジェンダーの支持層をあてにしているのかもしれない途上国の抗議集会参加者の構成を把握できないかもしれない。

第7章　ミクロの抵抗に着目する

（1）本章の下書きは、故イシャク・シャリ教授の功労を称える会議（場所と日時はマレーシア国立大学、二〇〇二年八月一九－二一日で表題は Globalization, Cultures and Inequalities）で発表したものである。

（2）フーコーの抵抗概念の研究を支援してくれた、ピーター・ハワードに深く感謝する（二〇〇〇年一〇月一〇日）。

(3) 私は別の箇所(Mittelman 2000)でポランニー、グラムシおよびスコットらの仕事を含む抵抗理解へのさまざまなアプローチを評価した。それを繰り返し述べないが、それらの観点は抵抗について深い理解と分析道具を十分に提供しているといえるが、ここで扱うものはそれらとはある重要な点で異なっている。

(4) 他の学生たちが選んだ主題は「抵抗の現われる空間——日本における移民の状況」、「在日外国人の投票権」および「WTOと木材産業」であった。私のポイントを広げるとすれば、移民や、誰が政治体の法的メンバーであるかの決定についての研究課題はまた、身体の規制についてのそれでもあると論ずることもできる。この同じような主題はメディアや伝統的な社会科学も扱うとはいえ、学生チームの少なくとも半分は同じ論題を選びフーコーの分析に一致したことは注目に値する。学生たちは別のルートで同じポイントに到達することが可能だっただろうが、フーコー的解釈に共鳴するテーマへの「集中」は際立っている。

(5) ボヴェと他の農民たちがマクドナルドのレストランを破壊したとき、彼らは米政府によるミヨーの農家の特産物であるフォアグラやロクフォール・チーズのようなフランスの美味(珍味)の輸入に対する制裁決定に抗議していたのである。制裁の適用は、フランスや他のEU諸国による成長ホルモンを与えたアメリカ産ビーフの輸入停止へと発展した。裁判でボヴェは次のように説明した。「いつわれわれは公の場で遺伝子組み換え食物(genetically modified organisms)について議論したことがあるのか?。いつ農民や消費者はこれについて聞かされたのか?それは決してなかった。それらの決定はWTOのレベルでなされ、そして国家組織は市場の力による法律に従うのだ…」さらに彼は、次のように付け加えた。「遺伝子組み換えのトウモロコシに関する最大の関心は、自然にとっても同じように人間の健康にも重要なのだ。ノヴァティス社のBtトウモロコシは三種の遺伝子が組み込まれているので、多様で長期にわたるリスクを伴っている。ノヴァティス社の取締役でさえ、「ゼロ・リスク」は全く存在しないと認識している。これは無力を認めていることではないか…?」(Bové 2000)

(6) 学者、研究者、ジャーナリストや活動家たちは、これらのテーマについての文献をばらばらに編集している。それらは、日本におけるフェミニスト運動がグローバリゼーションに対して提起する多くの問題についての膨大かつ多面的な著述を含んでいる（たとえば、'The Women's Movement Then and Now'1997; Buckley 1997; Matsui 1999）。また、遺伝子組み換え食品への抵抗の詳細な分析は次を参照。Yasuda 2000; and at the Consumers Union of Japan Web site http://www1.jca.apc.org/nishoren）およびＷＴＯの自由貿易のガイトラインや輸入食品への反対については次を参照。Oono 1999; Mizuhara 1999）。コメ問題については、Ohnuki-Tierney（1993）を、日本におけるグローバリゼーションの他の様相については、特に次を参照されたし。Eades, Gill, and Befu（2000）およびClammer（2001）。

（7）女性に対する犯罪についてのこのキャンペーンの情報は、以下を参照。http://www1.jca.apc.org/waww-net-japan/english

第８章　オルター・グローバリゼーション

（1）本章の冒頭の部分は、オルター・グローバリゼーションに関する筆者の以前の体系的記述（Mittelman 1999, 2000, 2003）を組み込んでおり、同時にこれを発展させている。

訳者あとがき

本書は、James H. Mittelman, *Whither Globalization?：The Vortex of Knowledge and Ideology* (Routledge, 2004) の翻訳である。本書のテーマは、グローバリゼーションのパワーは知識を生産しイデオロギーを生み出す方法を変容させていく、ということを明らかにすることである。市場、パワー、文化に関して語られることの多いグローバリゼーションを、ミッテルマンは、世界を認識し世界を表現する方法として理解すべきであると主張している。

グローバリゼーションが知識体系とイデオロギーを変容させていくダイナミクスをいかにして概念化するのか、進化していく知識体系とイデオロギー形態が、どのようにしてグローバル・パワーを再構成していくのか、歴史傾向と実際の行動を踏まえて、いかなるオルター・グローバリゼーション——対抗権力、競合する知識の組み合わせ、イデオロギーをめぐる論争という三者関係が生み出す全体的効果——のプロジェクトが可能か、をこのテーマの下で考察している。同時にグローバリゼーションを引き起こす強力な諸力が、どのようにしてグローバリゼーションを推進する主体たちの主観性を構成していくのか、またグローバリゼーションが生み出す構造にいかなる構造が対抗しうるのかについても考察している。そのような批判的検証は、二〇世紀においてウェーバー、グラムシ、フーコー、サイードらが示した権力と知識の複合体の洞察を基盤にしながら、二一世紀におけるグローバリゼーションのパワーの回転軸としての知識とイデオロギーが政治や物質的プロセスから独立しないで表象される様態を指し示してくれる。

著者は、すでに *The Globalization Syndrome*（田口福久治ほか訳『グローバル化シンドローム——変容と抵抗』法政大学出版局、二〇〇二年）を二〇〇〇年に出版している（Princeton University Press）が、これが本書の基礎となっている。この中でグローバリゼーションをプロセスと行動の「シンドローム」としてとらえる著者は、ポランニー（「トランスフォーメーション」、「二重運動」など）やグラムシ（「ヘゲモニー」、「陣地戦と機動戦」）の理論を援用しながら「労働と権力のグローバルな分割」が不可避であると主張している。この立場から「新自由主義の論理とグローバル化の論理」に対抗するグローバリゼーションのあり方を模索したが、その一定の回答が本書で展開されているのである。この一定の回答に対し、J・A・ショルテは「グローバリゼーションについての諸研究を徹底的に検証し、現代グローバリゼーションにおける知識、イデオロギー、パワーの三者の間の連結を明らかにした」ものとして高く評価している。またサスキア・サッセンは「世界各地に存在し、今後も存在していく多様な形態のローカル知と、アメリカ主導の優越的なパラダイムとの間のバランスをグローバリゼーションがどのように変えていくかという、極めて重要であるがほとんど研究されてこなかった問題を明らかにしている」と指摘している。

著者のミッテルマン教授は、ミシガン州立大学とマケレレ大学（ウガンダ）で学び、その後、コーネル大学で博士学位を取得している。アメリカ内外の多くの大学・大学院で教鞭をとり、現在はアメリカ・ワシントンDCにあるアメリカン大学国際関係学部教授として国際政治学を講じている。「アメリカ国際政治学会」（I.S.A.）副会長を歴任したことが示唆しているようにアメリカの学会では、グローバリゼーション研究の中心的研究者として高く評価されている。

本書の翻訳の第二章にあたっては、今井宏平君（中央大学大学院法学研究科博士後期課程および中東工科大学大学院博士後期課程）が関連の資料を提供し、訳文も読み易くしてくれた。また、横山正樹教授（フェリス女学院大学国際交流学部教授）は、多忙の折、第七章の翻訳を引き受けて下さった。ここで両氏に改めて謝意を表したい。もちろんのこと、誤読・誤訳の責任はわれわれにある。思わぬ誤訳があるかもしれない、読者諸賢の御叱正を請う次第である。

出版事情の厳しい中、この翻訳書の出版を快諾された新曜社社長の堀江洪氏はご病気のため、本書の出版を見ずに逝去された。ここに謹んで心よりの哀悼の意を表したい。また我々の訳文を実に丁寧に校閲されるとともに、多くの貴重な助言をして下さった同社編集部の高橋直樹氏にも深甚の謝意を表わしたい。

二〇〇八年二月

奥田和彦・滝田賢治

著者紹介

ジェームズ・ミッテルマン（James H. Mittelman）

1944年生まれ。ミシガン州立大学卒業後コーネル大学大学院に進み，1971年同大学よりPh.D.（政治学）を取得。現在，ワシントンDCにあるアメリカン大学国際関係学部教授。国際政治学，グローバリゼーション研究専攻。著書に *Innovation and Transformation in International Studies*（Cambridge University Press, 1997）（Stephen Gill との共編著），*The Globalization Syndrome: Transformation and Resistance*（Princeton University Press, 2000）など多数。

訳者紹介

奥田和彦（おくだ かずひこ）

1943年長崎生まれ。トロント大学大学院博士課程修了，Ph.D.（政治学）。現在，フェリス女学院大学国際交流学部教授。政治学，比較政治思想史専攻。著訳書：『米加自由貿易協定と日本』（ジャパンタイムズ，1990年），『連邦国家カナダの未来』（青山社，1997年），ジョン・オニール『メルロ＝ポンティと人間科学』（編集，新曜社，1986年），ジョン・W・ホームズ『カナダとアメリカ』（勁草書房，1987年）など。

滝田賢治（たきた けんじ）

1946年横浜生まれ。一橋大学大学院法学研究科博士課程修了（修士）。現在，中央大学法学部教授。国際政治，アメリカ外交専攻。著書：『太平洋国家アメリカへの道』（有信堂，1996年），『国際政治史』（中央大学通信教育部，2001年），『グローバル化とアジアの現実』（編著，中央大学出版部，2005年），『東アジア共同体への道』（中央大学出版部，2006年），『国際政治経済』（有信堂，2008年）など。

新曜社

オルター・グローバリゼーション
知識とイデオロギーの社会的構成

初版第1刷発行　2008年5月16日©

著　者　ジェームズ・ミッテルマン

訳　者　奥田和彦・滝田賢治

発行者　塩浦　暲

発行所　株式会社　新曜社

101-0051　東京都千代田区神田神保町2-10
電話（03）3264-4973（代）・FAX（03）3239-2958
URL：http://www.shin-yo-sha.co.jp/

印　刷　長野印刷商工　　Printed in Japan
製　本　イマキ製本

ISBN978-4-7885-1105-7　C1036

人名索引

あ 行

アケ Ake, Calude 93
アドラー Adler, Glenn 108–145
アリストテレス Aristotle 33
ヴァシ Vasi, Ion Bogdan 109, 132, 134, 200
ウェーバー Weber, Max 4, 7, 43, 48, 49, 62, 70–72, 74, 157
ウォルツ Waltz, Kenneth 41, 42
ウォルフェンソン Wolfensohn, James 90
ウルドゥリッジ Wooldridge, Adrian 114

か 行

カー Carr, Edward H. 72, 73
カーター Carter, Jimmy 95
カルドーソ Cardoso, Fernando Henrique 16, 17
ガンジー Gandhi, Mahatma 28, 139
カントン Canton, Steven 51
ギィレン Guillén, Mauro 60
ギルピン Gilpin, Robert 77, 93
キング King, Martin Luther, Jr. 28, 139
クラーク Clark, Ian 44
グラムシ Gramsci, Antonio 2, 29, 30, 68–72, 87, 145, 150, 166, 193, 202
クルーグマン Krugman, Paul 100, 198
クーン Kuhn, Thomas 38, 45–49, 64
コー Khor, Martin 104, 105
コックス Cox, Michael 18
コヘイン Keohane, Robert 41, 42

さ 行

サイード Said, Edward 51, 52
坂本義和 167
サックス Sachs, Jeffrey 100
サッチャー Thatcher, Margaret 57, 94, 172, 174, 178
サーニー Cerny, Philip 44
シミアン Simiand, François 53
シャリ Shari, Ishak 201
ショルテ Scholte, Jan Aart 44, 51
シラク Chirac, Jacques 181
スコット Scott, James 30, 150, 202
スターン Stern, Nicholas 97, 103
スティーヴンソン Stevenson, Adlai 191
スティーガー Steger, Manfred B. 198
スティグリッツ Stiglitz, Joseph 100–103, 105, 198, 199
ストレンジ Strange, Susan 63
スハルト Suharto 182
スミス Smith, Adam 7, 94
スミス Smith, Jackie 108
ソロス Soros, George 16, 190

た 行

タブ Tabb, William K. 102–105
タロウ Tarrow, Sidney 119
ディキシット Dixit, Priya 200
デカルト Descartes, René 156
デュルケーム Durkheim, Emile 7, 74
トンプソン Thompson, Graham 42, 43

な 行

ナイ Nye, Joseph 41, 42
ノラニ Norani, Othman 196

は 行

ハイエク Hayek, Freidrich von 94
バグワティ Bhagwati, Jagdish 113, 114
ハースト Hirst, Paul 42, 43
ハワード Howard, Peter 201
ビン＝ラディン bin Laden, Osama 189
フォーク Falk, Richard 118, 119
フーコー Foucault, Michel 5, 30, 31, 51, 147, 149–154, 157, 166, 169, 201, 202
プチャラ Donald Puchala 52
ブッシュ Bush, George 77, 82, 83, 189
フリードマン Friedman, Milton 94
フリードマン Friedman, Thomans 114
ブレジンスキー Brzezinski, Zbigniew 95
ブローデル Braudel, Fernand 53, 70, 71, 167, 172
ヘルド Held, David 60, 117
ボヴェ Bové, José 158, 160, 202
ポランニー Polanyi, Karl 28–30, 72, 87, 150, 174, 175, 202

ま 行

マイケルトゥワイト Mickelthwait, John 114
マキアヴェリ Machiavelli, Niccolò 4, 20
マクマイケル McMichael, Philip 61
マグルー McGrew, Anthony 117
マハティール Mahathir, Mohamad 16, 18, 190, 199
マルクス Marx, Karl 7, 72, 74, 102
マルコス Marcos, Ferdinand 162
マンデラ Mandela, Nelson 77
ムセベニ Museveni, Yoweri 199

ら 行

リカード Ricardo, David 7
リッヒバッハ Lichbach, Mark 120, 200
レーガン Regan, Ronald 76, 94
ローズノウ Rosenau, James 45, 201
ロドリク Rodrik, Dani 100
ロールズ Rawls, John 185

事項索引

か　行

さ　行

た　行

な　行

は　行

ま　行

参考文献

Abddul Rahman Embong. (2002) *State-Led Modernization and the New Middle Class in Malaysia*, New York: Palgrave Macmillan.

Ake, Claude. (1996) *Democracy and Development in Africa*, Washington, DC: Brookings lnstitutlon.

Alker, Hayward R.Jr. (1996) *Rediscoveries and Reformulations:Humanistic Methods for International Studies*, Cambridge, UK: Cambridge University Press.

Amoore, Louise. (ed.)(forthcoming) *The Global Resistance Reader*, London: Routledge.

Amoore, Louise and Langley, Paul. (2001) 'Experiencing Globalization: Active Teaching and Learning in International Political Economy', *International Studies Perspectives*, No.1 (February) : 15-32.

Appadurai, Arjun.(1996) *Modernity at Large: Cultural Dimenensions of Globalization*, Minneapolis: University of Minnesota Press.

Arai, Sanri, Inoue, Yoshinobu, Otsuki, Makikio, Takayangi, Mari and Yamagshi, Naoyuki. (2000) 'The Resistance to Genetically Modifed Foods in Japan: A Case Study of the Resistance to Globalization', Unpublished.

Aristotle. (1962) *The Politics of Aristotle*, trans. and ed. Ernest Barker, New York: Oxford University Press. (= 1961, 山本光雄訳『政治学』岩波文庫)

Arrighi, Glovanni and Silver, Beverly J. (1999) *Chaos and Governance in the Modern World System*, Minneapolis: University of Minnesota Press.

A. T. Kearney, Inc. (2003) 'Measuring Globalization: Who's Up, Who's Down?', Foreign Policy, 134 (January-February) : 60-72,

Ayres, Jeffrey and Tarrow, Sidney. (2002) 'The Shifting Grounds for Transnational Civic Activity', Social Science Research Council. Online. Available: <http://www.ssrc.org/sept11/essays/ayres.htm> (accessed 15 December 2003).

Baker, Andrew. (2000) 'Globalization and the British "Residual State"', in Richard Stubbs and Geoffrey R. D. Underhill (eds) *Political Economy and the Changing Global Order*, second edn, Don Mills, Ontario: Oxford University Press, 362-72.

Ball, Terence. (1976) 'From Paradigms to Research Programs: Toward a Post-Kuhnian Political Science', *American Journal of Political Science*, 20, No.1 (February) : 151-77.

Barlow, Maude and Clarke, Tony. (2001) *Global Showdown: How the New Activists Are Fighting Global Corporate Rule*, Toronto: Stoddart.

Barnes, Barry. (1982) *T. S. Kuhn and Social Science*, New York: Columbia University Press.
Beck, Ulrich. (2000) *What Is Globalization?* trans. Patrick Camiller, Cambridge, UK: Polity Press.
Bello, Walden. (2002) *Deglobalization Ideas for a New World Economy*, London: Zed Books. (= 2004, 戸田清訳『脱グローバル化——新しい世界経済体制の構築へ向けて』明石書店)
Beneria, Lourdes. (2003) *Gender, Development, Globalization: Economics as if All People Mattered*, New York:Routledge.
Bhagwati, Jagdish. (2002) 'Coping with Antiglobalization:A Trilogy of Discontents' *Foreign Affairs*, 81, No.1 (January-February) : 2-7.
Bond, Patrick. (1995) 'Under the Microscope: The ANC in Power', *Southern Africa Report* (Toronto), 10, N0. 3: 3-7.
Bové, José. (2000) 'José Bové's Statement to Court. Southeast Michigan Coalition on Occupational Safety and Health', Online. Avaiable: <www.semcosh.org/Jose%20 Bove.htm> (acccssed 27 January 2004.)
Bové, José and Dufour, François. (2000) *Le monde n'est pas une marchandise: Des paysans contre la malbouffe* [The World Is Not for Sale: Farmers against Junk Food], Paris: Éditions La Découverte. (= 2001, 新谷淳一訳『地球は売り物じゃない！——ジャンクフードと闘う農民たち』紀伊國屋書店)
Braudel, Fernand. (1980) 'History and the Social Sciences: The *Longue Durée*, in *On History* trans. Sarah Matthews, Chicago:University of Chicago Press 25-54
—— (1980) *On History*, trans. Sarah Mattews, Chicago: University of Chicago Press.
—— (1990) *Afterthoughts on Material Civilization and Capitalism*, trans. Patricia Ranum, Baltimore: Johns Hopkins University Press.
—— (1994) *A History of Civilizations*, trans. Richard Mayne, New York:Penguin.
Broad, Robin. (ed.) (2002) *Global Backlash: Citizen Initiaives for a Just World Economy*, Lanham, MD: Rowman and Littlefield.
Brzezinski, Zbigniew. (1997) *The Grand Chess board: American Primacy and Its Geostrategic Imperatives*, New York: Basic Books. (= 1998, 山岡洋一訳『21 世紀の地政学ゲーム』日経ビジネス文庫)
Buckley, Sandra (1997) *Broken Silence: Voices of Japanese Feminism*. Berkeley: University of California Press.
Burawoy, Michael. (2000) *Global Ethnography: Forces,Cnnections, and Imaginations in a Postmodern World*, Berkeley: University of California Press.
Carr, Edward H. (1964) *The Twenty Years's Crisis, 1919-1939*, New York: Harper and Row. (= 1996, 井上茂訳『危機の二十年』岩波文庫 , 1996 年)
Castells, Manuel. (1996) *The Rise of the Network Society*, Oxford: Blackwell

Caton, Steven C. (1999) *Lawrence of Arabia:A Film's Anthropology*, Berkeley: University of California Press.

Cerny, Philip G. (1996) 'Globalization and Other Stories: The Search for a New Paradigm for International Relation's, *International Journal*, 51 (autumn) : 617-37.

Cheru, Fantu. (2002) *African Renaissance: Roadmaps to the Challenge of Globalization*, London: Zed Books。

Clammer, John. (2001) *Japan and Its Others*, Melbourne: Trans Pacific Press.

Clark, Ian. (1999) *Globalization and International Relations Theory*, Oxford: Oxford University Press

Consumers Union of Japan. Online. Available: <http://jca.apc.org/nishoren> (accessed 14 December 2003).

Cosslett, Tess, Easton, Alison and Summerfield, Penny.(eds)(1996) *Women, Power, and Resistance: An introduction to Women's Studies*, Philadelphia: Open University Press.

Council for the Development of Economic and Social Research in Africa. (1998) 'Social Sciences and Globalisation in Africa', *CODESRIA Bulletin*, 2 (December) : 3-6.

—— (2002) '10th General Assembly: Africa in the New Millennium', Special Issue, *CODESRIA Bulletin*, 3 and 4.

Cox, Michael. (ed.)(2000) *E. H. Carr: A Critical Appraisal*, London and New York: Palgrave.

Cox, Robert W.(1979) 'Ideologies and the New International Economic Order: Reflections on Some Recent Literature', *International Organization*, 33, No.2 (Spring) : 257-302.

—— (1986) 'Social Forces, States, and world Orders: Beyond International Relations Theory', in Robert Keohane (ed.) *Neorealism and Its Critics*, New york: Columbia university Press, 204-54.

—— (1987) *Production, Power and World Order Social Forces in the Making of History*, New York: Columbia university Press.

—— (1996) 'A Perspective on Globalization', in James H. Mittelman (ed.) *Globalization:Critical Reflections*, Boulder, Co: Lynne Rienner, 21-30.

—— with Michael G. Schechter. (2002) *The Political Economy of a Plural World: Critical Reflections on Power, Morals and Civilization*, London: Routledge.

'Cultural Loss Seen as Languages Fade' (1999) New York Times, 16 May.

Danaher, Kevin. (ed.)(2001) *Democratizing the Global Economy:The Battle againtst the World Bank and the International Monetary Fund*, Monroe, ME: Common Courage Press.

Der Derian, James. (ed.)(1995) *International Theory: Critical Investigations*, New

York: New York university Press.

Dicken, Peter (2003) *Global Shift: Reshaping the Global Economics Map in the 21st Century*, fourth edn, New York: Guilford.

Dowding, Keith. (1996) *Power*, Minneapolis: University of Minnesota Press.

Drainville, André C. (2003) 'Critical Pedagogy for the Current Moment: Learning from the Avant-Garde to Teach Globalization from Experience', *International Studies Perspectives*, 4, No.3 (August): 231-49.

Dreyfus, Hubert L. and Rabinow, Paul. (1982) *Michel Foucault: Beyond Structuralism and Hermeneutics*, Chicago: University of Chicago Press. (= 1996, 山形頼洋ほか訳『ミシェル・フーコー——構造主義と解釈学を超えて』筑摩書房)

Eades, Jeremy Seymour, Gill, Tom and Befu, Harumi. (eds) (2000) *Globalization and Social Change in Contemporary Japan*, Melbourne: Trans Pacific Press.

Falk, Richard. (1999) *Predatory Globalization: A Critique*, Cambridge, UK: Polity Press.

—— (2003) 'Globalization-from-Below: An Innovative Politics of Difference', in Richard Sandbrook (ed.) *Civilizing Globaliztion: A Survival Guide*, Albany: State university of New York Press, 189-205

Ferguson, Yale H. and Rosenau, James N. (2003) 'Superpowerdom before and after September 11, 2001: A Postinternational Perspective', paper presented at the Annual Meeting of the International Studies Association, Portland, OR, February.

Ferrer, Aldo. (1997) *Hechos y Ficciones de la Globalización* [Facts and Fictions of Golbalization], Buenos Aires: Fondo de Cultura Economica [Collection of Economic Writings].

Fisher, Sue and Davis, Kathy. (eds) (1993) *Negotiating at the Margins: The Gendered Discourses of Power and Resistance*, New Brunswick: Rutgers University Press.

Foucault, Michel. (1977) *Discipline and Punish: The Birth of the Prison*, trans. A. Sheridan, New York: Pantheon Books. (= 1977, 田村俶訳『監獄の誕生』新潮社)

—— (1980) *Power/Knowledge: Selected Interviews and Other Writings*, 1972-1977, trans. and ed. C. Gordon et al., New York: Pantheon Books.

—— (1982) 'The Subject and Power', Afterword in Hubert L. Dreyfus and Paul Rabinow (eds) *Michel Foucault: Beyond Structuralism and Hermeneutics*, Chicago: University of Chicago Press, 208-26.

—— (1990) *The History of Sexuality. Volume* Ⅰ *:An Introduction*, trans. R. Hurley New York: Random House. (= 1986, 渡辺守章訳『性の歴史Ⅰ——知への意志』)

Friedman, Jonathan. (1994) *Cultural Identity and Global Process*, Thousand Oaks, CA: Sage.

Friedman, Thomas L. (1999) *The Lexus and the Olive Tree*: Understanding Globalization, New York: Farrar, Straus & Giroux. (= 2000, 東江一紀・服部清美訳『レクサス

とオリーブの木――グローバリゼーションの正体』草思社）
Gaventa, John. (1980) *Power and Powerlessness: Quiescence and Rebellion in an Appalachian Valley,* Urbana: University of Illinois Press.
Geuss, Raymond. (1981) *The Idea of a Critical Theory: Habermas and the Frankfurt School,* Cambridge, UK: Cambridge University Press.
Giddens, Anthony. (1990) *The Consequences of Modernity,* Cambridge, UK: Polity Press.（= 1993, 松尾精文・小幡正敏訳『近代とはいかなる時代か？――モダニティの帰結』而立書房）
―― (2000) *Runaway World: How Globalization Is Reshaping Our Lives,* New York: Routledge.（= 2001, 佐和隆光訳『暴走する世界』ダイアモンド社）
Gill, Stephen and Mittelman, James H. (eds) (1997) *Innovation and Transformation in International Studies,* Cambridge, UK: Cambridge University Press.
Gills, Barry K. (ed.) (2000) *Globalization and the Politics of Resistance,* London: Macmillan and New York: St. Martin's.
Gilpin, Robert. (2000) *The Challenge of Global Capitalism: The World Economy in the 21st Century,* Princeton: Princeton University Press.（= 2001, 古城保子訳『グローバル資本主義――危機か繁栄か』東洋経済新報社）
Glick Schiller, Nina. (1999) 'Citizens in Transnational Nation-States: The Asian Experience', in Kris Olds *et al.* (eds) *Globalization and the Asia Pacific: Contested Territories,* London: Routledge, 20-18.
Gómez, J. M. (2000) *Política e democracia em tempos de globalização* [Politics and Democracy in the Era of Globalization], Petrópolis, RJ, Brazil: Editora Vozes.
Gordon, David. (1988) 'The Global Economy: New Edifice or Crumbling Foundations?' *New Left Review,* 168 (March/April) : 24-64.
Gramsci, Antonio. (1971) *Selections from the Prison Notebooks,* trans, and ed. Quintin Hoare and Geoffrey Nowell Smith, London: Lawrence and Wishart.
―― (2000) *The Gramsci Reader: Selected Writings 1916-1935,* ed. David Forgacs, New York:New York University Press.（= 1995, 東京グラムシ研究会監修・訳『グラムシ・リーダー』御茶の水書房）
Gray, John. (1998) *False Dawn: The Delusions of Global Capitalism,* London: Granta Books.（= 1999, 石塚雅彦訳『グローバリズムという妄想』日本経済新聞社）
―― (2001) 'The Era of Globalisation Is Over', New Statesman, 24 September: 25-7.
Green, Daniel M. (ed.) (2002) *Constructivism and Comparative Politics,* Armonk, NY: M. E. Sharpe.
Guillén, Mauro F. (2001) 'Is Globalization Civilizing, Destructive or Feeble? A Critique of Five Key Debates in the Social-Science Literature', *Annual Review of Sociology,* 27: 235-60.
Harding, Sandra. (1991) *Whose Science? Whose Knowledge? Thinking from Women's*

Lives, Ithaca, NY: Cornell University Press.

Hardt, Michael and Negri, Antonio.（2000）*Empire*, Cambridge, MA: Harvard University Press.（= 2003, 水嶋一憲ほか訳『帝国――グローバル化の世界秩序とマルチチュードの可能性』以文社）

Harvey, David.（1990）*The Condition of Postmodernity*, Oxford: Basil Blackwell.

――（1999）*Limits to Capital*, London: Verso.（= 1999, 吉原直樹監訳『ポストモダニティの条件』青木書店）

Hekman, Susan.（1997）'Truth and Method: Feminist Standpoint Theory Revisited', *Journal of Women in Culture and Society*, 22, No. 2（Winter）: 341–65.

Held, David.（1995）*Democracy and the Global Order: From the Modern State to Cosmopolitan Governance*, Stanford, CA: Stanford University Press.（= 2002, 佐々木寛ほか共訳『デモクラシーと世界秩序――地球市民の政治学』NTT 出版）

Held, David and McGrew, Anthony.（2002）*Globalization/Anti-Globalization*, Cambridge, UK: Polity Press.（= 2003, 中谷義和・柳原克行訳『グローバル化と反グローバル化』日本経済評論社）

Held, David and McGrew, Anthony.（eds）（2003）*Global Transformations Reader*, second edn, Malden, MA: Polity Press.

Held, David et al.（1999）*Global Transformations: Politics, Economics and Culture*, Cambridge, UK: Polity Press.（= 2006, 古城利明ほか訳『グローバル・トランスフォーメーションズ――政治・経済・文化』中央大学出版部）

Hettne, Björn.（2002a）'Discourses on Utopianism: Polanyi and the Search for World Order', Unpublished.

――（2002b）'Globalisation, Regionalisation and Security: The Asian Experience', *European Journal of Development Research*, 14, No. 1（June）: 28–46.

Hettne, Björn and Odén, Bertil.（eds）（2002）*Global Governance in the 21st Century: Alternative Perspectives on World Order*, Stockholm: Almqvist & Wiksell International.

Hindess, Barry.（1996）*Discourses of Power: From Hobbes to Foucault*, Oxford: Blackwell.

Hirst, Paul and Thompson, Grahame.（1999）*Globalization in Question: The International Economy and the Possibilities of Governance*, second edn, Cambridge, UK: Polity Press.

Hotta, Masahiko.（2000）President, Alter Trade, Inc. Interview by James H. Mittelman, Tokyo, 5 December 2000.

――（forthcoming）'Bananas: The Negros Alternative', in Robin Murray and Pauline Tiffen（eds）*Understanding and Expanding Fair Trade*, Vol. 2, London: TWIN.

Howard, Peter.（2000）'Research note', 10 October, unpublished.

Ikeda, Hiroaki, Rello, Reis Lopez and Lundh, Janne-Magnus.（2000）'Globalization's

Effects on Japanese Women and Their Reactions', Unpublished.
Imam, R. H. (2001) 'Research note', Unpublished.
Imig, Doug and Tarrow, Sidney. (2001) *Contentious Europeans: Protest and Politics in an Emerging Polity*, Lanham, MD: Rowman and Littlefield.
Inoue, Reiko. (2000) Member and former President, Pacific Asia Resource Center. Correspondence with James H. Mittelman, 16 December.
Jessop, Bob. (1997) Comments at the Workshop on The Logic(s) of Globalisation, National University of Singapore, Singapore, 3–5 December.
——(1999) 'Reflections on Globalisation and Its (Il) logics (s),' in Kris Olds *et al.* (eds) *Globalisation and the Asia–Pacific: Contested Territories*, London and New York: Routledge, 19–38.
Kaldor, Mary. (1999) *New and Old Wars: Organized Violence in a Global Era*, Stanford, CA: Stanford University Press. (= 2003, 山本武彦・渡部正樹訳『新戦争論——グローバル時代の組織的暴力』岩波書店)
Kaneko, Masaru. (1999) 反グローバリズム——市場改革の戦略的思考 [Anti–globalism: Strategic Thinking on Market Reforms], Tokyo: 岩波書店
Keck, Margaret E. and Sikkink, Kathryn. (1998) *Activists beyond Borders: Advocacy Networks in International Politics*, Ithaca, NY: Cornell University Press.
Keohane, Robert O. (1984) *After Hegemony: Cooperation and Discord in the World Political Economy*, Princeton: Princeton University Press. (= 1998, 石黒馨・小林誠訳『覇権後の国際政治経済学』晃洋書房)
Keohane, Robert O. and Nye, Joseph S. Jr. (1977) *Power and Interdependence: World Politics in Transition*, Boston and Toronto: Little, Brown.
—— (1998) 'Power and Interdependence in the Information Age', New York: Council on Foreign Relations.
—— (2000) 'Globalization: What's New? What's Not? (And So What?)', *Foreign Policy*, 118 (Spring) : 104–20.
Khor, Martin. (2001) *Rethinking Globalization: Critical Policy Issues and Policy Choices*, New York: Palgrave, St. Martin's Press.
Kidd, Dorothy. (forthcoming) 'Indymedia.org and the Global Social Justice Movement', in Andy Opel and Donnalyn Pompper (eds) *Representing Resistance: Media, Civil Disobedience & the Global Justice Movement*, Westport, CT: Greenwood.
Klein, Naomi. (1999) *No Logo*, New York: Picador.
—— (2002) *Fences and Windows: Dispatches fiom the Front Lines of the Globalization Debate*, New York: Picador. (= 2003, 松島聖子訳『貧困と不正を生む資本主義を潰せ——企業によるグローバル化の悪を糾弾する人々の記録』はまの出版)
Knox, Paul and Agnew, John. (1998) *The Geography of the World Economy*, third edn, London: Edward Arnold.

Kontani, Ayako, Kawada, Takahiro and Uemura, Tomohiro.（2000）'WTO and Farming Product（Rice）', Unpublished.

Kuhn, Thomas S.（1970）*The Structure of Scientific Revolutions*, second edn, Chicago: University of Chicago Press.（= 1971, 中山茂訳『科学革命の構造』みすず書房）

——（1977a）*The Essential Tension: Selected Studies in Scientific Tradition and Change*, Chicago: University of Chicago Press.（= 1987, 安孫子誠也・佐野正博訳『本質的緊張——科学における伝統と革新』1・2, みすず書房）

——（1977b）'Second Thoughts on Paradigms', in Frederick Suppe（ed.）*The Structure of Scientific Theories*, second edn, Urbana: University of Illinois Press, 459–82.

Lakatos, Imre.（1970）'Falsification and the Methodology of Scientific Research Programmes', in Imre Lakatos and Alan Musgrave（eds）*Criticism and the Growth of Knowledge*, Cambridge, UK: Cambridge University Press, 91–196.

Lapid, Yosef.（1989）'The Third Debate: On the Prospects of International Theory in a Post-positivist Era', *International Studies Quarterly*, 33, No. 3（September）: 235–54.

Laslett, Barbara, Brenner, Johanna and Arat, Yesim（eds）（1995）*Rethinking the Political: Gender, Resistance, and the State*, Chicago: University of Chicago Press.

Leite, Paulo Moreira.（1996）'Males Globalizados', trans. Lillian Duarte. *Veja*, 29, No. 9（28 February）: 24–5.

Lemert, Charles.（1993）'Social Theory: Its Uses and Pleasures', in Charles Lemert（ed.）*Social Theory: The Multicultural and Classical Readings*, Boulder, CO: Westview, 1–24.

Lichbach, Mark Irving.（2002）'Global Order and Local Resistance: Structure, Culture, and Rationality in the Battle of Seattle', Unpublished.

Lukes, Steven.（ed.）（1986）*Power*, New York: New York University Press.

McAdam, Doug, Tarrow, Sidney and Tilly, Charles.（2001）*Dynamics of Contention*, Cambridge, UK: Cambridge University Press.

McMichael, Philip.（2004）*Development and Social Change: A Global Perspective*, third edn, Thousand Oaks, CA: Pine Forge Press.

Machiavelli, Niccolò.（1985）*The Prince*, trans. H .C. Mansfield, Chicago: University of Chicago Press.（= 1998, 河島英昭訳『君主論』岩波文庫）

'Mapping Globalization',（2001）Special Issue, *American Behavioral Scientist*, 44, No. 10（June）.

Matsui, Yayori.（1999）*Women in the New Asia: From Pain to Power*, trans. N. Toyokawa, London: Zed Books.（= 1996,『女たちがつくるアジア』岩波書店）

Melucci, Alberto.（1985）'The Symbolic Challenge of Contemporary Movements', *Social Research*, 52, No. 4: 789–914.

—— (1996) *Challenging Codes: Collective Action in the Information Age*, New York: Cambridge University Press.

Micklethwait, John and Wooldridge, Adrian. (2000) *A Future Perfect: The Challenge and Hidden Promise of Globalization*, New York: Crown Business.

Milanovic, Branko. (2002) 'True World Income Distribution, 1988 and 1993: First Calculation Based on Household Surveys Alone', *Economic Journal*, 112, No. 476 :51–92.

Mittelman, James H. (1997) 'Rethinking Innovation in International Studies: Global Transformation at the Turn of the Millennium', in Stephen Gill and James H. Mittelman (eds) *Innovation and Transformation in International Studies*, Cambridge, UK: Cambridge University Press, 248 63.

—— (1999) *The Future of Globalization,* Bangi, Malaysia: Penerbit Universiti Kebangsaan Malaysia [National University of Malaysia Press].

—— (2000) *The Globalization Syndrome: Transformation and Resistance*, Princeton: Princeton University Press. (= 2002, 田口富久治ほか訳『グローバル化シンドローム——変容と抵抗』法政大学出版局)

—— (2003) 'Alternative Globalization', in Richard Sandbrook (ed.) *Civilizing Globalization*, Albany: State University of New York Press, 237–51.

Mittelman, James H. and Norani Othman. (eds) (2001) *Capturing Globalization*, London and New York: Routledge.

Mizuhara, Hiroko. (1999) 'Liberalization of Imported Foods', *AMPO: Japan–Asia Quarterly Review*, 28, No. 4: 31–3.

Muto, Ichiyo. (2000) Member, People's Plan Study Group. Interview by James H. Mittelman. Tokyo, 7 December 2000.

Nakatani, Yoshikazu. (n.d.) 'Global Democracy: A Japanese Perspective', unpublished.

Nederveen Pieterse, Jan. (2004) *Globalization and Culture: Global Melange*, Lanham, MD: Rowman and Littlefield.

Norani Othman and Mandal, Sumit Kumar. (eds) (2000) *Malaysia Menangani Globalisasi: Peserata atau Mangasi?* [Malaysia Responding to Globalization: Participants or Victims?], Bangi, Malaysia: Penerbit Universiti Kebangsaan Malaysia [National University of Malaysia Press].

O'Brien, Robert et al. (2000) *Contesting Global Governance: Multilateral Economic Institutions and Global Social Movements*, Cambridge, UK: Cambridge University Press.

Ohmae, Kenichi. (1999) *The Borderless World: Power and Strategy in an Interlinked Economy*, New York: Harper Business.

Ohnuki–Tierney, Emiko. (1993) *Rice as Self: Japanese Identities through Time*, Princeton: Princeton University Press.

Olds, Kris. (2001) *Globalization and Urban Change: Capital, Culture, and Pacific Rim Mega-Projects*, Oxford and New York: Oxford University Press.

Olds, Kris et al. (eds) (1999) *Globalisation and the Asia-Pacific: Contested Territories*, London: Routledge.

Oono, Kazuoki. (1999) 'Agricultural Deregulation at Its Final Stage', *AMPO*: Japan-Asia Quarterly Review, 28, No. 4: 28-30.

Overbeek, Henk. (2001) 'Transnational Historical Materialism: Theories of Transnational Class Formation and World Order', in Ronen Palan (ed.) *The New Global Political Economy: Theorizing and Approaches*, London: Routledge, 168-84.

Panitch, Leo. (1996) 'Rethinking the Role of the State', in James H. Mittelman (ed.) *Globalization: Critical Reflections*, Boulder, CO: Lynne Rienner, 83-113.

Patomäki, Heikki. (2003) 'Problems of Democratizing Global Governance: Time, Space and the Emancipatory Process', *European Journal of International Relations*, 9, No. 3: 347-76.

Patomäki, Heikki and Teivainen, Teivo. (2002) *Global Democracy Initiatives: The Art of the Possible*, Helsinki: Network Institute for Global Democratization Working Paper 2.

Paulson, Henry. (2001) 'The Gospel of Globalisation', *Financial Times*, 13 November;p.25.

Peck, Jamie and Yeung, Henry Wai-chung. (2003) *Remaking the Global Economy: Economic-Geographical Perspectives*, London: Sage.

People's Plan for The Twenty-First Century. (2000) Online. Available: <http://www.hr-alliance.org/pp21/channel2.html> 28 October. (Inactive)

Peterson, V. Spike. (ed.) (1992) *Gendered States: Feminist (Re) Visions of International Relations*, Boulder, CO: Lynne Rienner.

Peterson, V Spike. (2003) *A Critical Rewriting of Global Political Economy: Integrating Reproductive, Productive, and Virtual Economies*, London: Routledge.

Pfaff, William. (2000) 'Globalization Is Discredited', *Japan Times*, 29 February.

Pickett, Brent L. (1996) 'Foucault and the Politics of Resistance', *Polity*, 28, No 4: 445 66.

Pile, Steve and Keith, Michael (eds) (1997) *Geographies of Resistance*, London and New York: Routledge.

Podestà, Bruno et al. (eds) (2000) *Ciudadanía y mundialización regional: La sociedad civil ante la integración regional* [Urbanism and Regional Globalization: Civil Society before Regional Integration], Madrid: CIDEAL.

Polanyi, Karl. (1957) *The Great Transformation: The Political and Economic Origins of Our Time*, Boston:-Beacon Press. (= 1975, 吉沢英成ほか訳『大転換――市場

社会の形成と崩壊』東洋経済新報社)
Puchala, DonaldJ. (2000) 'Marking a Weberian Moment: Our Discipline Looks Ahead', *International Studies Perspectives*, 1, No. 2 (August) : 133–44.
—— (2001) Personal correspondence with James H. Mittelman, 30January.
Rawls, John. (1993) *Political Liberalism*, New York: Columbia University Press.
Risse, Thomas. (2000) 'Let's Argue: Communicative Action in World Politics', *International Organization*, 54, No. 1 (Winter) : 1 39.
Ritzer, George. (2000) *The McDonaldization of Society*, Thousand Oaks, CA: Pine Forge Press. (= 1999, 正岡寛司監訳『マクドナルド化する社会』早稲田大学出版部)
Robertson, Roland. (1992) *Globalization: Social Theory and Global Culture*, Newbury Park, CA: Sage. (= 1977, 阿部美哉訳『グローバリゼーション――地球文化の社会理論』東京大学出版会)
Robertson, Roland and White, Kathleen. (eds) (2003) *Globalization: Crit al Concepts in Sociology*, London: Routledge.
Robinson, William I. (2001) 'Social Theory and Globalization: The Rise of a Transnational State', *Theory and Society*, 30, No. 2 (April) : 157–200.
Rodrik, Dani. (1997) *Has Globalization Gone Too Far?* Washington, DC: Institute for Inter–national Economics.
Rosenau, James N. (1997) *Along the Domestic–Foreign Frontier: Exploring Governance in a Turbulent World*, Cambridge, UK: Cambridge University Press. Rosenau, James N. et al. (forthcoming) 'On the Cutting Edge of Globalization', unpublished.
Rosow, Stephen J. (1999) 'Globalization/Democratic Theory: The Politics of Representation of Post–Cold War Political Space', paper presented at the annual meeting of the International Studies Association, Washington, DC, February.
Ross, Stephanie. (2003) 'Is This What Democracy Looks Like? The Politics of the Anti–Globalization Movement in North America', in Leo Panitch and Colin Leys (eds) *Socialist Register*, London: Merlin Press, 281–304.
Routledge, Paul. (2000) 'Our Resistance Will Be as Transnational as Capital: Convergence Space and Strategy in Globalising Resistance', *Geojournal*, 52, No. 1:25–53.
Ruggie, John G. (1993) 'Territoriality and Beyond: Problematizing Modernity in International Relations', *International Organization*, 47, No. 1 (Winter) : 139–74.
—— (1998) *Constructing the World Polity: Essays on International Institutionalization*, London: Routledge.
Rupert, Mark. (2000) *Ideologies of Globalization: Contending Visions of a New World Order*, London: Routledge.
Sabihah Osman. (2001) 'Globalization and Democratization: The Response of the

Indigenous Peoples of Sarawak', in James H. Mittelman and Norani Othman (eds) *Capturing Globalization*, London and New York: Routledge, 77–91.
Said, Edward W. (1979) *Orientalism*, New York: Vintage. (= 1993, 今沢紀子訳『オリエンタリズム』上・下, 平凡社)
Sakamoto, Yoshikazu. (2001) Professor emeritus, University of Tokyo. Correspondence with James H. Mittelman, 5 January
—— (ed.) (1994) *Global Transformation: Challenges to the State System*, Tokyo: United Nations University Press.
Sandbrook, Richard. (ed.) (2003) *Civilizing Globalization: A Survival Guide*, Albany, NY: State University of New York Press.
Sassen, Saskia. (1996) *Losing Control? Sovereignty in an Age of Globalization*, New York:Columbia University Press. (= 1999, 伊豫谷登士翁訳『グローバリゼーションの時代——国家主権のゆくえ』平凡社)
—— (1998) *Globalization and Its Discontents: Essays on the New Mobility of People and Money*, New York: The New Press. (= 2004, 田淵太一・原田太津男・尹春志訳『グローバル空間の政治経済学——都市・移民・情報化』岩波書店)
—— (2001) *The Global City: New York, London, Tokyo*, second edn, Princeton: Princeton University Press.
Scholte, Jan Aart. (1999) 'Globalisation: Prospects for a Paradigm Shift', in Martin Shaw (ed.) *Politics and Globalisation: Knowledge, Ethics and Agency*, London and New York: Routledge, 9–22.
—— (2000) *Globalization: A Critical Introduction*, New York: St. Martin's Press.
Scott, James C. (1990) *Domination and the Arts of Resistance: Hidden Transcripts*, New Haven, CT:Yale University Press.
Sending, Ole Jacob. (2002) 'Constitution, Choice and Change: Problems with the 'Logic of Appropriateness' and Its Use in Constructionist Theory', *European Journal of International Relations*, 8, No. 4 (December) : 443–71.
Seoane, José and Taddei, Emilio. (eds) (2001) *Resistencias mundiales* (De Seattle a Porto Alegre) [Global Resistance (From Seattle to Porto Alegre)], Buenos Aires: Consejo Latinamericano de Ciencias Sociales.
Sharp, Joanne P. *et al.* (eds) (2000) *Entanglements of Power: Geographies of Domination Resistance*, London and New York: Routledge.
Shaw, Martin. (1994) *Global Society and International Relations: Sociological Concepts and Political Perspectives*, Cambridge, UK: Polity Press. (= 1997, 高屋定國・松尾眞訳『グローバル社会と国際政治』ミネルヴァ書房)
—— (ed.) (1999) *Politics and Globalisation: Knowledge, Ethics and Agency*, London: Routledge.
Shorter, John. (1993) *Cultural Politics of Everyday Life: Social Constructionism,*

Rhetoric and Knowing of the Third Kind, Toronto: University of Toronto Press.

Sinclair, Timothy J. (1994a) 'Between State and Market: Hegemony and Institutions of Collective Action under Conditions of International Capital Mobility', *Policy Sciences*, 27, No. 4: 447–66.

Sinclair, Timothy. (1994b) 'Passing Judgment: Credit Rating Processes as Regulatory Mechanisms of Governance in the Emerging World Order', *Review of International Political Economy*, 1, No. 1 (Spring) : 133–59.

Sklair, Leslie. (1996) 'Who Are the Globalisers? A Study of Key Globalisers in Australia', *Journal of Australian Political Economy*, 38 (December) : 1 30.

——2002. *Globalization: Capitalism and Its Alternatives*, third edn, Oxford: Oxford University Press.

Smith, Jackie. (2002) 'Globalizing Resistance: The Battle of Seattle and the Future of Social Movements', in Jackie Smith and Hank Johnston (eds) *Globalization and Resistance:Transnational Dimensions of Social Movements*, Lanham, MD: Rowman and Littlefield, 207–27.

Smith, Jackie, Chatfield, Charles and Pagnucco, Ron. (1997) *Transnational Social Movements and Global Politics: Solidarity beyond the State*, Syracuse, NY: Syracuse University Press.

Smith, Jackie and Johnston, Hank. (eds) (2002) *Globalization and Resistance: Transnational Dimensions of Social Movements*, Lanham, MD: Rowman and Littlefield.

Sorkin, Michael. (ed.) (1992) *Variations on a Theme Park: The New American City and the End of Public Space*, New York: Hilt and Wang.

Soros, George. (2002) *George Soros on Globalization*, New York: Public Affairs. (= 2003, 榊原英資監訳・藤井清美訳『グローバル・オープン・ソサエティ——市場原理主義を超えて』ダイヤモンド社)

Spivak, Gayatri Chakravorty. (1990) *The Post-Colonial Critic: Interviews, Strategies, Dialogues*, ed. Sarah Harasym, London: Routledge. (= 1992, 清水和子・崎谷若菜訳『ポスト植民地主義の思想』彩流社)

Starr, Amory. (2000) *Naming the Enemy: Anti-Corporate Movements Confront Globalization*, London: Zed Books.

—— (2003) 'Is the North American Anti-Globalization Movement Racist? Critical Reflections', in Leo Panitch and Colin Leys (eds) *Socialist Register*, London: Merlin Press, 265–80.

Steger, Manfred B. (2002) *Globalism: The New Market Ideology*, Lanham, MD: Rowman and Littlefield. (2003a) *Globalization: A Very Short Introduction*, New York: Oxford University Press.

—— (ed.) (2003b) *Rethinking Globalism*, Lanham, MD: Rowman and Littlefield.

Stern, Nicholas. (2000) *A Strategy for Development*, Washington, DC: World Bank.
Stiglitz, Joseph E. (2002) *Globalization and Its Discontents*, New York: W.W. Norton. (= 2002, 鈴木主税訳『世界を不幸にしたグローバリズムの正体』徳間書店)
Strange, Susan. (1996) *The Retreat of the State: The Diffusion of Power in the World*, New York:Cambridge University Press. (= 1998, 櫻井公人訳『国家の退場――グローバル経済の新しい主役たち』岩波書店)
―― (1998) *Mad Money: When Markets Outgrow Governments*, Ann Arbor: University of Michigan Press. (= 1999, 櫻井公人・櫻井純理・高嶋正晴訳『マッド・マネー――世紀末のカジノ資本主義』岩波書店)
Sylvester, Christine. (1994) *Feminist Theory and International Relations Theory in a Postmodern Era*, Cambridge, UK: Cambridge University Press.
Tabb, William K. (2001) *The Amoral Elephant: Globalization and the Struggle for Social Justice in the Twenty-First Century*, New York: Monthly Review Press.
Tarrow, Sidney. (2002) 'From Lumping to Splitting: Specifying Globalization and Resistance', in Jackie Smith and Hank Johnston (eds) *Globalization and Resistance: Transnational Dimensions of Social Movements*, Lanham, MD: Rowman and Littlefield, 229–49.
Taylor, Peter J. (1993) *Political Geography: World-Economy*, Nation-State, and Locality, New York: Wiley. (= 1991, 高木彰彦訳『世界システムの政治地理――世界経済、国民国家、地方』上・下, 大明堂)
Taylor, Peter J., Johnston, Ronald J. and Watts, Michael. (1995) *Geographies of Global Change: Remapping the World in the Late Twentieth Century*, Oxford, UK: Blackwell.
Teeple, Gary. (1995) *Globalization and the Decline of Social Reform*, Atlantic Highlands, NJ: Humanities Press International.
Thrift, Nigel. (1996) *Spatial Formations*, London: Sage.
Tickner, J. Ann. (2001) *Gendering World Politics: Issues and Approaches in the Post-Cold War Era*, New York: Columbia University Press.
Tomlinson, John. (1999) *Globalization and Culture*, Chicago: University of Chicago Press. (= 2000, 片岡信訳『グローバリゼーション――文化帝国主義を超えて』青土社)
Truehart, Charles. (1997) 'French Hold Proudly Fast to Benevolent Central Rule', *Washington Post*, 14. July, p A01.
United Nations Development Program. (2003) *Human Development Report*, New York: Oxford University Press.
Vasi, Ion Bogdan. (n.d.) 'From Global Justice to Domestic Anti-War: Social Movement Spillover and Mobilization', unpublished.
Väyrynen, Raimo. (2003) 'Regionalism: Old and New', *International Studies Review*, 5,

No. 1 (March) : 25–51.

The Violence against Women and War Network in Japan. Online. Available: <http://www1.jca.apc.org/vaww-net-japan/english/>

Walker, R. B.J. (1993) *Inside Outside: International Relations as Political Theory*, Cambridge, UK:Cambridge University Press.

Wallach, Lori and Sforza, Michelle. (2000) *The WTO: Five Years of Reasons to Resist Corporate Globalization*, New York: Seven Stories Press.

Wallerstein, Immanuel. (2000) 'Globalization or the Age of Transition? A Long-Term View of the Trajectory of the World System', *International Sociology*, 15, No. 2: 249–65.

Walton, John and David Seddon. (1994) *Free Markets & Food Riots: The Politics of Global Adjustment*, Cambridge, MA: Blackwell.

Waltz, Kenneth N. (1979) *Theory of International Politics*, Reading, MA: Addison-Wesley.

—— (1999) 'Globalization and Governance', *Political Science & Politics*: PS, 32, No. 4 (December) : 693–700.

Walzer, Michael. (1999) 'Rescuing Civil Society', *Dissent* (Winter) : 62–7.

Wapner, Paul. (2002) 'Horizontal Politics: Transnational Environmental Activism and Global Cultural Change', *Global Environmental Politics*, 2, No. 2 (May) : 37–62.

Watson, James L. (ed.)(1997). *Golden Arches East: McDonald's in East Asia*, Stanford, CA: Stanford University Press. (= 2003, 前川啓治・竹内惠行・岡部曜子訳『マクドナルドはグローバルか——東アジアのファーストフード』新曜社)

Weber, Max. (1949) '"Objectivity" in Social Science and Social Policy', in *The Methodology of the Social Sciences*, trans, and ed. Edward Shils and Henry A. Finch, New York: Free Press, 49–112. (= 1998, 富永祐治・立野保男訳・折原浩補訳『社会科学と社会政策にかかわる認識の「客観性」』岩波文庫)

—— (1949) *The Methodology of the Social Sciences*, New York: Free Press.

—— (1971) *From Max Weber: Essays in Sociology*, trans, and ed. H.H. Gerth and C. Wright Mills, New York: Oxford University Press.

—— (1978) *Economy and Society: An Outline of Interpretive Sociology*, trans. Ephraim Fischoff *et al.* and ed. Guenther Roth and Claus Wittich, Berkeley: University of California Press. (= 1972, 清水幾太郎訳『社会学の根本概念』岩波文庫)

Weiss, Linda. (1998) *The Myth of the Powerless State*, Ithaca, NY: Cornell University Press.

Wendt, Alexander. (1999) *Social Theory of International Politics*, Cambridge, UK: Cambridge University Press.

'The Women's Movement Then and Now', Special Issue, *AMPO: Japan-Asia*

Quarterly Review, 25, No. 4, and 26, No. 1, 1995.

World Bank. (2000) *Globalization, Growth, and Poverty: Building an Inclusive World Economy*, Washington, DC: World Bank; New York: Oxford University Press. (= 2004, 新井敬夫訳『グローバリゼーションと経済開発——世界銀行による政策研究レポート』シュプリンガー・フェアラーク東京)

Wrong, Dennis Hume. (1980) *Power, Its Forms; Bases and Uses*, New York: Harper and Row.

Wurm, Stephen A. (ed.) (1996) *Atlas of the World's Languages in Danger of Disappearing*, Paris: UNESCO.

Yasuda, Setsuko. (2000) 'Campaign against Genetically Modified Foods', *AMPO:* Japan-Asia Quarterly Review, 29, No. 2:12 14.

Zeleza, Paul Tiyambe. (2003) *Rethinking Africa's Globalization*, Volume 1: *The Intellectual Challenges*, Trenton, NJ: Africa World Press.

Newspapers and periodicals (2000-2)

The Economist

Financial Times (London)

Guardian

Los Angeles Times

New Straits Times (Kuala Lumpur)

New York Times

Straits Times (Singapore)

Wall Street Journal

Washington Post

Washington Times

アペンディクス：調査質問票

質問者コード：＿＿＿＿＿＿＿＿＿＿＿＿＿＿

私はグローバリゼーションに抵抗する人々の実態を調査しているアメリカン大学の学生教授グループの一員で、これについてのあなたの見解をお聞きできれば大変嬉しく思います。調査は研究目的のみに使用され、あなたの回答が完全に匿名で扱われることを保証いたします。質問には約10分ほどかかります。

最初に、あなたのバックグランドについて2～3質問いたします。

1. あなたのジェンダーはなんですか？
   男性 ……………………………………………………………… 1
   女性 ……………………………………………………………… 2

2. あなたは何歳ですか？
   20歳未満 ………………………………………………………… 1
   20～24歳 ……………………………………………………… 2
   25～29歳 ……………………………………………………… 3
   30～34歳 ……………………………………………………… 4
   35～39歳 ……………………………………………………… 5
   40～49歳 ……………………………………………………… 6
   50歳以上 ………………………………………………………… 7

3. あなたはどこの国の市民ですか？＿＿＿＿＿＿＿＿＿＿＿＿＿＿＿

4. あなたの最終学歴は？
   ハイスクールへ進学 …………………………………………… 1
   ハイスクール卒業 ……………………………………………… 2
   職業学校修了 …………………………………………………… 3
   大学進学 ………………………………………………………… 4
   大学卒業 ………………………………………………………… 5

大学院進学 …………………………………………………………… 6
大学院修了 …………………………………………………………… 7
Ph.D 取得………………………………………………………………… 8

5. あなたは自分がマイノリティーグループの一員であるとみなしていますか？
はい ……………………………………………………………………… 1
いいえ …………………………………………………………………… 2

6. あなたは何ヶ国語を流暢に話せますか？
1ヶ国語 ………………………………………………………………… 1
2ヶ国語 ………………………………………………………………… 2
3ヶ国語 ………………………………………………………………… 3
4ヶ国語以上 …………………………………………………………… 4

7. あなたの主たる職業はなんですか？　一つだけ選んでください。
経営者／管理職／行政職 ……………………………………………… 1
専門職／技術職 ………………………………………………………… 2
事務職／行政職 ………………………………………………………… 3
職人／単純労働者 ……………………………………………………… 4
学生 ……………………………………………………………………… 5
無職 ……………………………………………………………………… 6
退職者 …………………………………………………………………… 7
その他 …………………………………………………………………… 8

8. あなたの年収はおおよそいくらですか？
10,000 ドル未満 ………………………………………………………… 1
10,000 ドルから 24,999 ドルの間 …………………………………… 2
25.000 ドルから 49,999 ドルの間 …………………………………… 3
50,000 ドルから 100,000 ドルの間 ………………………………… 4
100,000 ドルより上……………………………………………………… 5
不明 ……………………………………………………………………… 6
回答拒否 ………………………………………………………………… 7

今度は、あなたの世界中の人々とのリンクについて若干質問します。

9. あなたは外国の何人ぐらいの人々とEメイルを通じて恒常的に連絡を取

り合っていますか？
10人より少ない………………………………………………………… 1
10人と30人の間 …………………………………………………… 2
30人より多い………………………………………………………… 3
恒常的には連絡を取り合っていない ………………………………… 4

10. あなたは同じような考えを持った人々とどのくらいの割合でインターネットを使っていますか？
毎日……………………………………………………………………… 1
毎日ではないが、1週間に1回以上 ………………………………… 2
毎週ではないが、1ヶ月に1回以上 ………………………………… 3
1ヶ月に1回より少ない …………………………………………… 4
全く使わない………………………………………………………… 5

11. どのくらい外国旅行に行きますか？
1年に1回より多い ………………………………………………… 1
1年に1回 …………………………………………………………… 2
毎年ではないが、時々……………………………………………… 3
全く行かない………………………………………………………… 4

今度は、あなたの政治参加について質問します。

12. あなたは次の運動組織のいくつかに関ったことがありますか？

	はい、本部職員として	はい、積極的なメンバーとして	はい、一般的なメンバーとして	いいえ	不明
1. グローバルな正義	1	2	3	4	9
2. 労働	1	2	3	4	9
3. 環境	1	2	3	4	9
4. 反核	1	2	3	4	9
5. 女性の権利	1	2	3	4	9
6. 平和	1	2	3	4	9
7. 公民権	1	2	3	4	9
8. ゲイとレズビアンの権利	1	2	3	4	9
9. その他	1	2	3	4	9

13. あなたは次のようなグローバルな正義を求めるための運動の幾つかに参加したことがありますか？

	はい、主催者として	はい、抗議するために	はい、請願者として	はい、ニュースで知って参加	いいえ
シアトル	1	2	3	4	5
ストックホルム	1	2	3	4	5
ワシントン（2000年4月）	1	2	3	4	5
ケベック	1	2	3	4	5
ジェノヴァ	1	2	3	4	5
ワシントン（2001年9月）	1	2	3	4	5
その他	1	2	3	4	5

次に、本日の抗議活動について質問します。

14. このような抗議活動についての情報を集めるために、下記のインターネットサイトをどのくらいの頻度で使いますか。

	頻繁に使う	時々使う	全く使わない	わからない
ウェブサイト	1	2	3	9
チャットルーム	1	2	3	9
リストサーヴズ	1	2	3	9
Eメール	1	2	3	9

15. あなたがインターネットで得た情報は、こうした抗議活動に参加しようというあなたの決定にどの程度影響を与えましたか？
かなり………………………………………………………………… 1
ある程度……………………………………………………………… 2
ほとんどない………………………………………………………… 3
全くない……………………………………………………………… 4
わからない…………………………………………………………… 5

17. 本日、この抗議会場に来た最も重要な理由は何ですか？　○印をして下さい。
1. 国際経済制度を廃止するため
2. 国際経済制度を改革するため
3. 資本主義に抗議するため
4. 現在のアメリカの外交政策に反対するため

5. その他

17a 上記17で5の「その他」と答えたならば、詳しく説明して下さい。

18. 下記の組織は、世界の普通の人々に肯定的な影響を与えていると思いますか、それとも否定的な影響を与えていると思いますか？

	極めて肯定的	肯定的	どっちともいえない	否定的	極めて否定的	わからない
1. 国連	1	2	3	4	5	9
2. 国際安全保障組織(NATO等)	1	2	3	4	5	9
3. 地域組織（EU 等）	1	2	3	4	5	9
4. NGO	1	2	3	4	5	9
5. 多国籍企業	1	2	3	4	5	9
6. 世界銀行	1	2	3	4	5	9
7. WTO	1	2	3	4	5	9
8. IMF	1	2	3	4	5	9

19. ここにグローバリゼーションと結びついた諸特徴のリストがあります。あなたはこれらが世界の一般の人々にとって利益となると思いますか、それとも負担となると思いますか？

	利益	負担	わからない
1. 政府の健康教育社会福祉のための予算が削減される	1	2	9
2. 国営企業の民営化が拡大する	1	2	9
3. 輸出を促進させる	1	2	9
4. 地域文化を変容させる	1	2	9
5. 技術が進歩する	1	2	9
6. 移民が増える	1	2	9
7. 消費物資が益々入手し易くなる	1	2	9
8. 所得の配分の仕方が変化する	1	2	9

20. グローバリゼーションはあなたに個人的に影響を与えていますか？
はい……………………………………………………………… 1
いいえ…………………………………………………………… 2
わからない……………………………………………………… 9

20a もしあなたが上記20で「はい」と答えたなら、グローバリゼーション

はあなたの生活の質にどのように影響を与えていますか？
グローバリゼーションは私の生活の質を向上させた……………… 1
グローバリゼーションは私の生活の質を低下させた……………… 2
わからない………………………………………………………………… 9

21.「暴力はグローバリゼーションに抗議する正当な戦略である」という主張をどのように考えますか？
強く同意する…………………………………………………………… 1
少しは同意する………………………………………………………… 2
同意も反対もしない…………………………………………………… 3
少し反対する…………………………………………………………… 4
強く反対する…………………………………………………………… 5
わからない……………………………………………………………… 6
回答を拒否する………………………………………………………… 7

21a この主張についてあなた自身の考えを詳しく述べてください。

22. 何か他に感想がありましたらお書き下さい。

ご協力ありがとうございます。